Los padres de hoy están en pared. Quieren proteger a sus hijos de lo peor de la internet, la televisión, el cine, los videojuegos y la música, pero no quieren causar estragos en su relación con sus hijos al decir "no" siempre. Es bueno que Bob Waliszewski pueda mostrarle el porqué y el *cómo* de enseñar a sus hijos a tomar sabias decisiones sobre entretenimiento. Cree su constitución familiar sobre entretenimiento y comience a ser un *padre conectado*.

GARY SMALLEY
Autor de *Change Your Heart, Change Your Life*

Bob Waliszewski es uno de los principales expertos del mundo en crear un hogar seguro en cuanto a medios de comunicación. Esta es lectura obligada para cualquier padre que quiera progresar y ayudar a sus hijos a navegar por la cultura siempre cambiante. *Padres conectados* está lleno de perspectivas prácticas y años de sabiduría. Este libro podría ser la inversión más importante que pueda hacer en las vidas de sus hijos.

JIM BURNS
Presidente de HomeWord; autor de *Confident Parenting* and *Teenology: The Art of Raising Great Teenagers*

¡Bob Waliszewski sabe de lo que habla! Es un hombre brillante con un mensaje brillante. Las familias con hijos necesitan este libro para protegerles de las degradantes influencias de los medios de comunicación que inundan esta nación. ¡El momento de este libro no podría ser mejor!

DR. JOE WHITE
Presidente de Kanakuk Kamps

Yo tenía seis años cuando mi hermano me llevó a ver *The Blob*. Aunque es inofensiva en comparación con lo que pasa como terror de ciencia ficción en la actualidad, yo tuve pesadillas durante meses. De hecho, ¡estaba convencido de que un extraterrestre tipo ameba se abriría camino hasta mi diminuto cuarto en el sur de California! Más de cuatro décadas después sigo recordando cómo aquellas gráficas escenas nublaron mi mente inocente. En este excelente y oportuno libro, Bob Waliszewski proporciona sabios consejos junto con útiles herramientas que ayudarán a los padres a poner en práctica la vieja canción que muchos niños siguen cantando: Ojitos, tengan cuidado con lo que miran; orejitas, tengan cuidado con lo que oyen. Gracias a Bob y a su última aportación, cuando se trata de consumo de medios de comunicación y de música, esa tarea tan difícil ha sido facilitada.

JIM DALY
Presidente de Focus on the Family

No permita que la tecnología forme una brecha entre usted y sus hijos. A fin de elevarse por encima de los retos que presenta nuestro mundo siempre cambiante, necesita tener un frente unido en el hogar. *Padres conectados* es un enfoque práctico y lleno de gracia para preparar a sus hijos para tener éxito en una cultura impulsada por los medios.

DRES. TIM Y DARCY KIMMEL
Autores de *Grace-Based Parenting*

Nunca ha habido una necesidad más urgente para los niños (¡y para sus padres!) de ejercitar discernimiento cuando se trata de decidir sobre medios de comunicación y entretenimiento. Con contenido de vanguardia y pasos prácticos para su implementación, *Padres conectados* equipa a los padres de modo que ellos puedan equipar a sus hijos. Este es un recurso que aliento encarecidamente a los padres a leer.

ALEX MCFARLAND
Autor de *Stand Strong in College*

Padres
conectados

Padres conectados

CASA
CREACIÓN

BOB WALISZEWSKI
DIRECTOR DE
conecta**dos**™

La mayoría de los productos de Casa Creación están disponibles a un precio con descuento en cantidades de mayoreo para promociones de ventas, ofertas especiales, levantar fondos y atender necesidades educativas. Para más información, escriba a Casa Creación, 600 Rinehart Road, Lake Mary, Florida, 32746; o llame al teléfono (407) 333-7117 en Estados Unidos.

Padres conectados por Bob Waliszewski
Publicado por Casa Creación
Una compañía de Charisma Media
600 Rinehart Road
Lake Mary, Florida 32746
www.casacreacion.com

A menos que se indique lo contrario, el texto bíblico ha sido tomado de la Santa Biblia, Nueva Versión Internacional® NVI® Copyright © 1999 por Bíblica, Inc.® Usada con permiso.
Todos los derechos reservados mundialmente.

Los textos bíblicos marcados (RVR60) fueron tomados de la versión Reina-Valera © 1960 Sociedades Bíblicas en América Latina; © renovado 1988 Sociedades Bíblicas Unidas. Utilizado con permiso.

Traducido por: Belmonte Traductores
Director de diseño: Bill Johnson

Visite la página web del autor: conectados.pluggedin.com

Library of Congress Control Number: 2013931065
ISBN: 978-1-62136-201-2
E-book ISBN: 978-1-62136-415-3

Impreso en los Estados Unidos de América
13 14 15 16 17 * 5 4 3 2 1

Este libro está afectuosamente dedicado a mi mejor amiga, consejera, confidente, dedicada compañera y amor de mi vida: Leesa.

Tú vivías (y lo sigues haciendo) estos principios mucho antes de que Espíritu Santo comenzara a infundirlos en mí, y por eso estoy eternamente agradecido. Gran parte de lo que ahora conozco, creo, practico y enseño comenzó al observarte e intentar modelar tu vida tan bien vivida. Incluso cuando yo me he codeado con muchos que han fallado, han hecho concesiones y recortes, tu sabiduría, pureza y madurez cristiana han sido sólidos como la roca. ¿Habría sido escrito este libro si no nos hubiéramos conocido y enamorado? No lo creo. Hierro con hierro se aguza, y tú me has afilado durante las más de tres décadas que llevamos juntos.

Durante los siete años que fui cristiano antes de que intercambiásemos nuestros votos, en gran parte era ignorante de la importancia de honrar al Señor con mis decisiones en cuanto a medios de comunicación. Tú, por otro lado, creías que debías honrarle en todas tus decisiones. Como muchos otros, yo había compartimentado el entretenimiento y tomaba decisiones en cuanto a medios de comunicación a mi manera. Gracias por ser pacientemente una fuente increíble de inspiración, ¡y un sólido ejemplo de una mujer centrada en Cristo!

índice

Reconocimientos

Como explico en el quinto capítulo, las semillas de este libro fueron plantadas cuando un adolescente en mi grupo de jóvenes me entregó un casete de enseñanza, y su contenido cambió mi vida para siempre. Gracias, Todd O'Connell. Supondría que ni siquiera recuerdas haberlo hecho, pero yo nunca lo he olvidado. El mensaje principal de aquella cinta no solo plantó una semilla espiritual sino que también la regó y la hizo germinar. Mientras escuchaba, finalmente se encendió la bombilla para mí. Sí, comencé a ver que a Jesús le importan mis decisiones en cuanto a música. Cuando digerí esa sencilla verdad, solamente tenía sentido que a Él también le importasen el resto de mis decisiones en cuanto a mi entretenimiento.

Gracias, Leesa, Kelsey y Trevor, por permitirme compartir varias de sus historias en este libro. Creo que los lectores se verán reflejados ellos mismos en sus (nuestras) vidas.

También merece agradecimiento Alanna Gosey, quien me ayudó a citar mis fuentes con más precisión. Gracias también, Alanna, por ayudarme con parte de la investigación, como también hizo Mauri Mays, anterior asistente de Plugged In (Conectados). ¡Gracias, Mauri!

Una importante entrevista referenciada en este libro, la del tirador en la escuela Richland High School, Jamie Rouse, no se habría producido sin la ayuda de mi especialista en medios, Phil Chalmers. ¡Gracias, Phil!

John Duckworth, te debo muchas gracias a ti, mi editor, por revisar cuidadosamente mi manuscrito y suavizar los muchos bordes ásperos. Me ayudaste a crear orden, fluidez y continuidad, sin interrumpir mi estilo, mi pasión o mi lenguaje. ¿Cómo hiciste eso? ¡Esta capacidad es a la vez un don y un llamado!

Sin duda, sería incorrecto si no reconociera a todo el equipo de Plugged In. A lo largo de este libro hay pedazos de cada uno de ustedes: una cita, una estadística, un artículo. Quizá uno o dos de los principios que destaco en este libro provinieron, al menos en parte, de una conversación que tuvimos al conducir desde Denver para una proyección de una película o mientras compartíamos en una de nuestras reuniones "Show 'n' Tell". Es difícil recordar cómo se formó todo, pero sé que compartimos una pasión similar; y con los años he llegado a ser un mejor escritor, investigador y "maestro" debido a que me he codeado con ustedes, mis colegas.

Cuando se trata de otros en *Focus on the Family* (Enfoque a la Familia), con sinceridad hay demasiados para mencionarlos aquí. Muchos que no fueron parte de este libro directamente han influenciado en el indirectamente. Quienes me han ayudado a compartir este mensaje en la radio, la Red, la televisión y mediante otros canales han sido parte de estas páginas. Gracias a todos. Pero también le debo un agradecimiento especial a Jim Daly, Clark Miller, Leon Wirth, Yvette Maher, Jan Shober, John Fuller, Bob Dubberly, Jay Barwell, Trent Chase, Dr. Bill Maier, y HB London. No solo creen en mí, sino que también cada uno de ustedes me ha permitido tener una voz significativa en Focus; y para muchas personas en todo el mundo.

Gracias, Dr. James Dobson, por permitirme compartir acerca de la gran necesidad de discernimiento en cuanto a medios de comunicación en su libro *Cómo criar a las hijas*. La oportunidad de aportar un capítulo entero me dio mayor confianza en cuanto a que un libro sobre el tema algún día pudiera demostrar ser una bendición para las familias de fe.

Finalmente, y lo más importante, quiero dar las gracias a Dios del universo, Padre, Hijo y Espíritu Santo, por rescatarme de la oscuridad y llevarme a la luz a los quince años de edad. Entonces, a pesar de mis muchos errores y defectos, me permitiste compartir este maravilloso llamado a liberar a los cautivos, cautivos esclavizados por lo que consumen y por las falsas filosofías de este mundo. ¡Gracias, Dios mío, amigo mío, mi Creador! Tú verdaderamente utilizas a los necios para dirigirte a los sabios.

primera parte

Decidir cuál es su postura como padre

¿Es necesario este estrés?

Mi teléfono celular comenzó su "tono" de vibración, pero esa era una reunión importante. Dejé que la llamada pasara al buzón de voz. Cuando escuché el mensaje poco después, quien llamaba era insistente: "Bob, llámame en cuanto te sea posible". Era un hombre al que llamaré Juan (no es su verdadero nombre).

Marqué su número de celular. "¿Qué sucede, Juan?".

Me explicó que mientras atravesaba la sala de su casa la noche anterior, observó que su hija de quince años estaba viendo un programa en Disney Channel que él no conocía mucho; pero le puso incómodo. Le ordenó enojado que apagase el televisor, diciendo: "No me gusta lo que ocurre entre el chico y la chica en ese programa".

Su hija comenzó a llorar de inmediato y a regañadientes apagó el televisor.

Pero eso solo fue el comienzo. Pronto, el incidente aumentó hasta convertirse en la versión familiar de la Tercera Guerra Mundial.

La esposa de Juan, al estar en desacuerdo con su decisión, acaloradamente y con términos muy claros expresó cómo se sentía. Después continuó una pelea, con ambos cónyuges insistiendo en que estaban manejando la situación apropiadamente. Pero antes de irse a la cama irritados, la pareja se puso de acuerdo en una cosa: Juan me llamaría la mañana siguiente y pediría mi opinión sobre todo el asunto. Ambos acatarían mi decisión.

Yo sería el desempate. ¡Nada de presión!

Le diré lo que decidí más adelante en este libro. En este momento, solo quiero asegurarle que las batallas familiares relacionadas con el entretenimiento son comunes, aunque la mayoría de los padres no me llaman para que actúe de árbitro.

Usted sabe el tipo de conflicto al que me refiero. Quizá sea una discusión sobre cuánto tiempo pasa su hijo adolescente o preadolescente en lugares de redes sociales como Facebook o Twitter. Quizá sea la decisión de su hija de ver esta película de terror en la fiesta de pijamas del fin de semana aunque había prometido llamar si llegaba siquiera a surgir esa tentación. O podría ser tomar prestado el viejo auto de su hijo de dieciséis años, encender el motor y recibir una ráfaga de blasfemias del CD que él dejó en el estéreo, un disco que usted ni siquiera sabía que él tuviera.

Por tanto, aquí está la pregunta: ya que los desacuerdos sobre qué ver, jugar, escribir, escuchar, teclear, bajarse y leer causan tanto conflicto, ¿vale la pena todo el estrés? ¿Por qué no sencillamente una política de "no preguntar, no decir" cuando se trata de la dieta de medios de comunicación de su familia?

Decir la verdad

En este punto, puede que esté pensando: Ya sé a dónde se dirige esto. Este tipo tiene un interés personal. Quiere hacer que los medios de comunicación luzcan todo lo más malo posible. Así es como se gana la vida. ¿Cómo puedo confiar en él?

Lo entiendo. Me he enfrentado antes a ese desafío.

La confianza fue un problema hace poco, cuando mi esposa Leesa y yo estábamos buscando un auto de segunda mano que tuviera un consumo de combustible decente. Acudiendo a Craiglist, encontramos uno. Cuando leí la lista que había en línea, yo estaba decidido a que si el vehículo era tal como se anunciaba, lo quería. Cuando llamé, un joven respondió y explicó que estaba ayudando a su madre a vender el auto. Lo que yo no sabía era que la madre y el hijo habían emigrado desde China solamente cuatro años antes. El hijo adolescente había aprendido inglés con bastante rapidez, pero su madre no.

"Bien, ¿aceptaría un cheque personal?", le pregunté.

"No", fue la respuesta.

"Bueno, de todos modos seguiremos adelante y después lo solucionaremos", dije yo. A sugerencia de Leesa, fui enseguida a nuestro banco y saqué el dinero en efectivo.

Al acudir varias horas después para inspeccionar el vehículo, vimos que lo había representado de modo preciso. "Sí, lo queremos", declaré yo, "y tengo el dinero en efectivo para cerrar el trato".

El joven dijo que tenía que hablar con su madre, que estaba en el trabajo. Al acudir a su lugar de trabajo, yo le dije que queríamos comprar el auto. A pesar de la barrera del idioma, ella lo entendió claramente. Pero cuando saqué el montón de dinero en efectivo del bolsillo y le expliqué que lo pagaríamos ese mismo día, el trato de repente estuvo en peligro.

"Podría ser... falso", dijo ella.

Al estar allí con más dinero en efectivo en el bolsillo del que había llevado nunca, todo en billetes de cien dólares, tuve un importante dilema: ¿cómo podría convencer a aquella señora de que no estaba intentando engañarle, que el dinero era auténtico? Intenté asegurarle que los billetes eran verdaderos, que acababa de ir al banco. Sonreí educadamente e intenté parecer un hombre honesto (un reto en sí mismo). Nada parecía funcionar.

Con su inglés poco entendible, ella explicó que en China era muy común que las personas engañaran a los demás utilizando divisa falsa. Como una persona relativamente nueva en Estados Unidos, ella estaba decidida a que no le engañaran.

Yo no podía culparla. Afortunadamente, Leesa poco después se unió a mí después de hacer algunas compras. Al instante, la señora china confío en ella, no en mí, ¡y dijo que aceptaría nuestro dinero en efectivo y firmaría los documentos!

Relato esta historia porque en este libro estoy haciendo mi mejor esfuerzo por ofrecer lo que es real, genuino y verdadero. Pero me temo que algunos lectores no lo creerán, creyendo que lo que yo ofrezco es falso.

Quizá usted, como la señora china, haya tenido experiencias que hacen que le resulte difícil confiar en cualquiera que llegue con un bolsillo lleno de billetes de cien dólares, o con argumentos, advertencias y consejos acerca del modo en que los medios de comunicación podrían afectar a sus hijos. Quizá haya hecho algunas suposiciones en cuanto a si realmente importa la dieta de medios de comunicación de su familia, y si vale la pena el estrés de hacer que esa dieta sea una dieta más sana. Quizá incluso haya estado creyendo algún mito, o dos o tres.

Ya que no puedo tener a mi esposa a mi lado para convencerle, ¿puedo pedirle que lea este libro con una mente abierta? Intentaré ganarme su confianza. Mi mensaje puede que no siempre sea agradable, pero es lo verdadero.

La experiencia Waliszewski

Hablando de honestidad, tengo que decir lo siguiente en interés de la plena transparencia: cuando nuestros hijos estaban creciendo, mi esposa y yo rara vez batallábamos con ellos en cuanto a decisiones sobre entretenimiento. Estoy agradecido por eso, pero me doy cuenta de que corro el riesgo de distanciarle o desalentarle si su experiencia es diferente. Usted podría sentir que nuestra familia en cierto modo vivía por encima de la pelea, algo que cree que es totalmente irrealista para usted. Espero que no lo vea de esa manera; en cambio, espero que tome aliento pensando que aunque el entretenimiento puede ser un campo de batalla, no tiene que ser un campo de batalla sangriento.

Yo creo que la razón por la cual mi esposa y yo no nos peleábamos regularmente con nuestros hijos por las decisiones en cuanto a los medios fue nuestro esfuerzo por seguir los principios que compartiré en este libro. Pero tampoco estábamos exentos.

Por ejemplo, cuando nuestra hija Kelsey estaba en secundaria, salió cierta película calificada para mayores de diecisiete años que era *la* conversación de sus compañeros de clase; y del resto del país. En cuanto a películas para mayores de diecisiete años, estaba el lado más ligero, pero aún así tenía suficiente contenido censurable, y nosotros no nos sentíamos cómodos con permitirle que fuera a verla. Según nuestra hija, "todos" sus amigos habían visto esa película en particular (lo cual, desde luego no era cierto, pero muchos la habían visto). Ella estaba convencida de que también debería verla.

Si usted ha tratado una situación parecida, se puede imaginar cómo se sintió Kelsey: que su posición de joven adulta madura estaba en juego. Ella sin duda no quería tener la reputación de ser la muchacha a quien solo le permitían ver *La cenicienta*, programas de televisión y películas filmadas en los años cuarenta y cincuenta.

Me gustaría decir que este reto tuvo un final feliz en aquel momento. Pero no lo tuvo. Aunque muchos, muchos padres cristianos permitían a sus hijos ver esa película, nosotros creíamos que estábamos tomando la decisión correcta al no hacerlo. No había concesión alguna que hiciera que ella estuviera contenta y a nosotros nos permitiera permanecer fieles a nuestros valores. La respuesta fue no. Fin de la historia.

Bien, no tanto. Kelsey ahora tiene veintitantos años, y recientemente mi esposa y yo hablamos con ella sobre sus años de adolescencia.

Le pedí que me describiera el "momento de medios de comunicación" más difícil en su educación. Ella recordó la situación que acabo de describir. Entonces le pregunté: "Sabiendo lo que sabes ahora, ¿qué cambiarías si tuvieras que vivir esa época de nuevo?".

"Ni una sola cosa", respondió ella. Sonriendo, recordó lo mucho que había querido que le permitiéramos ver aquella película. Pero ahora se alegra de que trazáramos una línea en la arena y nos mantuviéramos firmes. ¡Uf! Fue necesario casi una década para descubrir que incluso desde la perspectiva de nuestra hija, tomamos la decisión correcta.

Establecer límites sanos en cuanto a entretenimiento en su hogar puede significar que no verá mucha aceptación por parte de sus hijos, al menos en el presente. Pero permanezca en curso. No se desvíe. Probablemente llegará una época mejor.

¿Por qué es importante esto? Porque navegar por el entretenimiento actual con éxito es importante aunque vivamos en una cultura que dice que no lo es. Para millones de personas, las decisiones en cuanto a los medios se toman tan casualmente como comprar un galón de leche o una barra de pan. No puedo decirle el número de proyecciones de películas profundamente inquietantes para mayores de trece años y de diecisiete años a las que he asistido y que incluían a padres con hijos pequeños, ¡incluso con edades de cuatro o cinco años! Tristemente, esos padres no tienen el sentido común de salir de la sala y llevarse con ellos a sus hijos cuando las cosas van en declive desde lo subido de tono hasta el porno suave o desde lo violento a lo horripilante. Ni siquiera puedo imaginar las batallas que esos niños afrontarán con asuntos como la sexualidad cuando sean más mayores.

Es probable que usted ya sepa, en lo profundo de su ser, que ayudar a sus hijos a tomar sabias decisiones en cuanto al entretenimiento es importante. Pero es fácil para muchos de nosotros evitar el emprender la acción. Eso se debe a que nos hemos agarrado a algunas falsedades convenientes que parecen excusarnos de abordar nuestras responsabilidades como padres.

Mitos de los medios que importan

Por ridículo que parezca ahora, hubo una época en que yo creía que podía batir a Billie Jean King en un partido de tenis si me daban la oportunidad. Esa descabellada idea se me ocurrió durante el partido de 1973 tan publicitado entre King y Bobby Riggs.

Aquella no fue la primera vez que yo hice una suposición cuestionable. Después de haber estado expuesto a la mitología griega en la guardería, llegué a estar convencido de que los seres humanos podrían volar si se les proporcionaba la cantidad adecuada de plumas (sin importar que yo nunca hubiera visto a nadie hacer eso). También creía que si leía un libro a la luz de una vela, finalmente perdería mi visión.

Todos nosotros podemos señalar cosas que una vez creímos y que ahora sabemos que son totalmente falsas. Me alegro de que hace muchos años acepté el hecho de que nunca podría volar. Tampoco sostengo ni la menor probabilidad de devolver el servicio a Billie Jean King, ni siquiera en sus últimos años, y mucho menos salir victorioso en un partido. Y he leído muchas cosas con poca luz; mi vista no es lo que solía ser, pero no puedo culpar a la falta de lúmenes.

Vivir exitosamente implica el continuado proceso de distinguir entre hecho y ficción. Hay varios mitos acerca del impacto del entretenimiento, la naturaleza del discernimiento bíblico y el papel de los padres. Algunos suenan bastante atrayentes. Unos pocos pueden parecer funcionar. Otros puede que parezcan espirituales a primera vista. Pero creerlos puede tener consecuencias no intencionadas. Me gustaría destacar siete de ellos.

Mito 1: "No es gran cosa".

Enfoque a la Familia recibió una carta de Larry, un padre de Michigan, que acompañó su correspondencia con 13 CD. Todos menos uno tenían etiquetas con advertencias sobre control parental. Entre otras cosas, Larry escribió esto: "Mi hijo está enganchado a música degradante y ofensiva. Después de catorce años de escuela cristiana, iglesia y escuela dominical, él rechaza a Jesús y el cristianismo; por favor, extiendan la voz antes de que más niños caigan en la trampa de esta música que insulta a Dios".

Preguntemos a Larry si es cierto que la dieta de medios de comunicación de los niños no es gran cosa. Yo garantizo que él establecerá su caso a favor de lo contrario. Para él, y para muchos padres como él, este mito quedó hecho pedazos por la experiencia personal y el sufrimiento.

¿Se puede culpar a las decisiones que tomó el hijo de Larry con respecto a la música de que abandonase la fe? Sí y no. La música es una poderosa influencia. Pero puede que también haya habido otros factores, como la presión de grupo, su relación con sus padres, una perdida traumática, falta de verdaderos amigos, acoso escolar, mala autoimagen, experimentación con drogas o con el ocultismo, una relación sexual o falsa teología. Pero estoy de acuerdo con Larry en que, como mínimo, las decisiones de su hijo en cuanto a medios de comunicación desempeñaron no solo *un* papel sino un papel *importante*.

Quizá su hijo no esté batallando con los mismos problemas que el hijo de Larry. Pero existe una gran probabilidad de que la fe de su hijo joven haya sido marcada de algún modo por lo que escucha, ve, o con lo que juega; si esas decisiones conducen hacia el lado indeseable.

Si tiene usted un hijo como el de Larry en su hogar, sabe que cualquier intento de "inmiscuirse" puede volverse turbio. Habrá escuchado el consejo de que deberíamos escoger nuestras batallas con cuidado, y deberíamos hacerlo. ¿Es esta una que debemos saltarnos?

No lo creo. No solo deberíamos mantener nuestro terreno; necesitamos estar plenamente armados y preparados a largo plazo. El entretenimiento en realidad sí es gran cosa, especialmente cuando tiene consecuencias inmediatas e implicaciones eternas.

Mito 2: "Sencillamente conseguir que sean salvos".

Muchos padres, aunque no lo expresarían de esta manera, creen que si sencillamente pueden hacer que su hijo acuda a Cristo, las buenas decisiones en cuanto a entretenimiento serán una consecuencia natural.

Es cierto que algunas conversiones espirituales incluyen nuevas convicciones acerca de entretenimiento cuestionable, pero frecuentemente no es este el caso. Cuando la mayoría de muchachos aceptan a Jesús como su Salvador, es su primer paso en toda una vida de madurar espiritualmente. No es una dinámica mágica y protectora. La experiencia de salvación tampoco imparte un nuevo entendimiento sobre los medios de comunicación, no más de lo que imparte la capacidad de saber surfear, pescar o esquiar.

En el mejor de los casos, comenzar una relación con Dios ayuda al nuevo creyente a querer agradarle más profundamente a Él. Eso puede producir una nueva apertura a honrarle a Él con las decisiones que antes nunca parecieron importantes. Pero eso está muy lejos de ser automático.

Mito 3: "Aprenderán por ósmosis".

Muchas mamás y papás parecen suponer que no es gran cosa enseñar sobre tomar sabias decisiones sobre entretenimiento. Rara vez sacan el tema, y nunca tienen una conversación acerca de los medios y su influencia.

Si se les pregunta, admitirán que han hecho poco en el camino de la formación verbal. Para ellos, todo se trata de dar ejemplo. Creen que si ellos mismos practican discernimiento en cuanto a los medios, sus hijos se empaparán de todos los ingredientes correctos para tomar sabias decisiones en cuanto a entretenimiento.

No puedo subrayar en exceso cuán importante es establecer un buen ejemplo. Pero sencillamente no es suficiente. Nuestros hijos también necesitan *escuchar* regularmente de nuestros propios labios lo importante que es guardar nuestros corazones. Necesitan entender de parte de nosotros *verbalmente* lo que se espera, y por qué el corazón del Señor se duele cuando desobedecemos y deshonramos sus mandamientos.

Mito 4: "El grupo de jóvenes puede hacerlo".

Muchos padres y madres sienten que si consiguen que sus hijos asistan regularmente al grupo de jóvenes en su iglesia, ese hijo o hija obtendrá sabiduría con respecto a los medios. Es cierto que algunos líderes de jóvenes tienen bastante conocimiento sobre discernimiento de los medios y enseñan consecuentemente en las reuniones del grupo de jóvenes. Pero bastantes de ellos no lo hacen.

Francamente, algunos líderes de jóvenes sencillamente no lo entienden cuando se trata de honrar a Cristo con sus decisiones personales en cuanto a entretenimiento. Como resultado, no enseñan sobre el tema. Yo conozco esto de primera mano; al haber sido yo mismo pastor de jóvenes, estaba a medio camino en mi "carrera" del ministerio con jóvenes antes de que el Señor abordara esta área de mi vida.

Un grupo de jóvenes sólido como la roca puede marcar una diferencia positiva en la vida de su hijo joven, pero usted no puede suponer que esa tarea en particular se está realizando. Yo sugeriría compartir una taza de café con el pastor de jóvenes de su iglesia para descubrir cuáles son sus convicciones sobre ciertos temas, inclusive los medios de comunicación.

Mito 5: "Yo sobreviví, así que mis hijos también lo harán".

Muchos padres pueden recordar tomar todo tipo de malas decisiones con respecto al entretenimiento durante sus años en secundaria. Sin embargo, de algún modo sobrevivieron al ataque. Estos padres ponen mucha confianza en la resistencia de sus hijos.

Aunque todo eso suena maravilloso, no hay garantía alguna de "recuperación" en la Biblia o en el mundo que nos rodea. Algunos jóvenes, como el hijo de Larry, dan la espalda a Dios debido a la influencia de los medios de comunicación en sus vidas. Varios de ellos finalmente regresan, pero otros trágicamente no lo hacen.

Tenga en mente también que los tiempos han cambiado desde su niñez y adolescencia. Gran parte del entretenimiento actual es más oscuro, más explícito sexualmente, blasfemo y sangriento de lo que era popular cuando usted era pequeño.

Mito 6: "Tengo que esperar una invitación".

Un día, hace unos años, mi familia y yo almorzamos en un restaurante local. Al estar sentado cerca de una madre y sus hijos adolescentes, no pude evitar observar que uno de los muchachos tenía una camiseta que llevaba grabado el nombre de un grupo de rock perverso y violento. Cuando los adolescentes se fueron, dejando a mamá para que pagase la cuenta, yo me acerqué y le pregunté: "¿Le importa si le hago una pregunta?".

A ella no le importó.

"Me preguntaba cómo maneja usted el hecho de que uno de sus hijos lleve la camiseta de un grupo cuyo cantante fantasea en uno de sus CD sobre torturar brutalmente a su madre".

Se quedó boquiabierta. "No tenía idea", respondió.

Como esa mujer, muchos padres no tienen idea alguna de lo que en realidad está sucediendo en el mundo del entretenimiento de sus hijos. Después de todo, muchos de nuestros jóvenes tienen su propio televisor en su cuarto, llevan puestos sus propios auriculares cuando están en nuestros vehículos, y se van hacia el cine diciendo sencillamente: "Hasta luego".

Pero para los padres que están comprometidos a transmitir el "testigo de la fe" a sus hijos, y salvaguardar esa herencia, no tener "ni idea" cuando se trata del mundo de los medios de comunicación no es una opción en estos tiempos.

Estoy convencido de que algunos padres *escogen* no estar informados porque tienen temor a que saber lo que está sucediendo daría como resultado un hogar lleno de peleas. Para ellos, ignorancia es dicha. La verdad, sin embargo, es que siempre es mejor estar informado cuando se trata de nuestros hijos, independientemente de lo tentadora que pueda parecer la ignorancia.

Sospecho que la madre con quien hablé en el restaurante era más consciente de lo que parecía, pero estoy seguro de que le hacía muy pocas preguntas sobre entretenimiento a su hijo, lo cual le habría ayudado a conocer mejor su mundo en cuanto a los medios. Estoy seguro de que ella creía que abrir esta lata de gusanos invitaría al menos a disputas y combates verbales.

En muchos hogares actualmente, el mundo de los medios de comunicación es una guarida poco conocida que tiene una gran señal que dice "¡No entrar!" figuradamente en la entrada. Los padres en estas situaciones están esperando a que esa señal sea quitada.

Pero créame: los jóvenes rara vez en la quitan por voluntad propia. Es irrealista esperar que su hijo se acerque a usted un día diciendo: "Mamá [o papá], realmente quiero que me dirijas sobre cómo poder servir mejor al Señor en el área de las decisiones sobre medios de comunicación".

Por tanto, ¿qué ha de hacer un padre o una madre si se sienten poco bienvenidos al dominio de los medios de comunicación de un hijo? Comenzar con una sincera conversación. Su meta inicialmente es solo descubrir lo que le gusta a su hijo y por qué.

Lo que descubra puede que le deje asombrado, no solo las preferencias de su hijo sino también los motivos que hay detrás. Tenga cuidado de no reaccionar en exceso. En este momento está usted en una misión para encontrar hechos. Haga muchas preguntas, quizá incluso tome notas. Escuche, escuche, escuche. Llegará un momento, quizá más adelante ese mismo día, quizá una semana o dos más tarde, para responder.

Mito 7: "Sería intolerante trazar la línea".
Muchas personas tienen la impresión de que el mensaje de Jesús fue: "Vive tu vida del modo que quieras y yo viviré la mía como quiero". Cualquier otra cosa, argumentan, es crítico e intolerante, o al menos condescendiente.

Eso ni siquiera se acerca a la verdad, desde luego. Aunque estaba claramente guiado por el amor, Jesús expulsó a los cambistas del templo, regularmente "provocaba" a los líderes religiosos por su hipocresía, y le dijo a una adúltera que había sido perdonada: "Vete y no peques más" (Juan 8:11). Más adelante, el apóstol Pablo ordenó a la iglesia en Corinto que expulsara a un hermano inmoral de la comunión (1 Corintios 5:1-5), añadiendo: "¿No juzgáis vosotros a los que están dentro [la iglesia]?".

A pesar de la opinión popular, hay una forma sana y buena de intolerancia. No deberíamos ignorar la conducta de pecado en nuestras propias vidas ni tampoco en las de nuestros hijos. Cualquier presión de los medios que nos impulse a actuar o pensar de manera corrupta debería ser rechazada. Esto no es pensamiento estrecho, legalismo ni tener una actitud crítica. Refleja los pensamientos y los deseos de un Dios santo.

Incluso el corazón más vil reconoce que hay formas de "entretenimiento" que están fuera de los límites. Para algunos, podría ser algo tan extremo como una escena de violación en una película, un asesinato real que se muestre en la internet, o pornografía infantil. La verdadera pregunta para la mayoría de las personas no es: "¿Son equivocadas algunas cosas?", sino más bien *dónde* debería trazarse la línea.

Hay un tipo de juicio que sí desagrada a nuestro Creador: el de condenar a otro ser humano. Pero evaluar y examinar la conducta humana y el fruto espiritual en realidad es alentado, incluso es un mandato.

Educar o elevar a sus hijos, no su presión sanguínea

Abandonar los mitos puede ser triste. Intentar conseguir que su hijo medite sobre sus suposiciones acerca del entretenimiento y la tecnología puede ser frustrante, parecido a conseguir que un gato toque el piano. Establecer normas familiares sobre los medios de comunicación puede hacer que algunos se sientan molestos.

Más que nunca, sin embargo, las familias necesitan "aprender a discernir". No porque haya falta de normas, sino porque algunos tipos de entretenimiento pueden hacer verdadero daño espiritual. Abandonar los mitos, pensar bien en las suposiciones y establecer normas es todo ello parte de una educación responsable y amorosa. ¿Significa eso que todo el estrés, las discusiones, los portazos, las palabras, las frases como "apenas puedo esperar para salir de aquí", es necesario?

No.

Yo no puedo hacer que el proceso de enseñarle a su hijo

discernimiento en cuanto a los medios sea fácil. Pero hay maneras de hacer que sea mucho menos doloroso. Incluso puede encontrarlo reuniendo a su familia, ayudándole a crecer espiritualmente, a administrar su tiempo y descubrir nuevas maneras de divertirse y comunicarse su amor los unos por los otros.

Comienza al abordar un mito más, uno que su hijo puede que crea. De eso trata el capítulo siguiente. Cuanto más sepa usted sobre responder a esta objeción, menos estresante será la crianza de sus hijos.

Citas para tener en cuenta

"Antes, yo tenía un destacado papel en promover la misma violencia y actividad con armas que [ahora] estoy intentando detener. Yo llevaba armas y fumaba droga cuando tenía 13 años. Por eso siento que les debo una disculpa".[1]

—Rapero T.I., cuyo nombre verdadero es Clifford Harris, hablando en una concentración en la ciudad de Nueva York condenando la violencia con armas. El destacado rapero comenzó a cumplir su sentencia de un año por violaciones federales en cuanto a armas poco después de esa charla.

"Él era peligroso para el gobierno. Si él hubiera dicho: 'Bombardeen la Casa Blanca mañana', habría habido 10 000 personas que lo habrían hecho".[2]

—Sean Lennon, hijo del asesinado Beatle John Lennon, hablando sobre la influencia que su padre, que era una estrella del rock, tenía sobre los fans

"Estamos en una época en que la probabilidad de llegar a ser famoso en este país puede parecer uno más de los derechos inalienables, tan básico como la vida, la libertad y la búsqueda de la felicidad. Pero tengamos cuidado: en una cultura que parece celebrar la celebridad por causa de sí misma, puede ser fácil confundir fama con el logro genuino, o peor aún, considerar todo lo que no sea fama un fracaso, especialmente en un clima tan intenso en los medios. Necesitamos recordarnos a nosotros mismos y enseñar a los niños que el valor de llevar una vida buena y decente lejos del foco central es un verdadero logro".

—Presentador de noticias de la CBS, Dan Rather[3]

"Necesitamos establecer límites y expectativas. Necesitamos sustituir ese juego de video por un libro y asegurarnos de que se hagan las tareas de la escuela. Necesitamos decir a nuestras hijas: 'Ni siquiera permitas imágenes en la televisión que te digan que tú lo vales, porque yo espero que sueñes sin límites y alcances tus metas'. Necesitamos decirles a nuestros hijos: 'Esas canciones en la radio puede que glorifiquen la violencia, pero en nuestra casa, encontramos gloria en el logro, el respeto por uno mismo y el trabajo duro'. Necesitamos entender que nosotros somos los primeros y mejores maestros de nuestros hijos".[4]

—Presidente Barack Obama

"Yo sabía que mi mamá me amaba, pero ella nunca lo expresaba, y por eso aprendí sobre el amor en las películas".[5]

—Fundador de *Playboy*, Hugh Hefner

"…La vida es demasiado preciosa para desperdiciar gran parte de ella en la televisión. Cuando se trata de defender la inocencia infantil, inexplicablemente hemos invitado al principal enemigo y potencial destructor a las salas de nuestras propias casas. A los seis años de edad, el niño estadounidense promedio ha pasado más horas viendo el televisor de las que pasará hablando con su padre en toda su vida. Esto es una locura y, en un sentido muy real, es abuso infantil. Y la vieja excusa: 'Mis hijos solo ven los programas de calidad', no tiene ningún peso en absoluto. El problema subyacente con la televisión en los niños no es la calidad. Es la cantidad".[6]

—Crítico de cine y presentador de radio Michael Medved

"Si mis hijos me dijeran que quieren estar en el negocio del entretenimiento, los encerraría bajo llave en sus cuartos hasta que cumplan los 30 años".

—Britney Spears[7]

"El cine es el arte popular más elevado de nuestros tiempos, y el arte tiene la capacidad de cambiar vidas".[8]

—Escritor Stephen King

"Cualquiera que piense que los medios de comunicación no tienen nada que ver con [el tiroteo en la escuela Columbine] es un idiota".[9]

—Presidente de la CBS Leslie Moonves

"Será mejor que tengamos cuidado con lo que estamos cantando, y será mejor que tengamos cuidado con el modo en que se presenta, porque podemos arruinar a una nación o cambiarla con el tipo de música que permitimos que se presente".[10]

—Cantante Gladys Knight

"Solo una tercera parte de estadounidenses pueden nombrar las tres ramas del gobierno. Eso da miedo. Pero el 75 por ciento de los niños pueden decirle el nombre de los jueces de *American Idol*".[11]

—Exjueza de la Corte suprema Sandra Day
O'Connor, promoviendo su página web orientada
a la educación cívica en *Good Morning America*

"La internet es muy parecida al Lejano Oeste. Usted no habría enviado a Laura Ingalls Wilder (La pequeña casa de la pradera)en mitad de la noche para sacar agua del río. Algo terrible podría haberle sucedido. Lo mismo sucede con su hijo. No se limite a dejarle salir y pensar que todo saldrá bien, y que su hijo es más inteligente que un estafador. Lo más probable es... que no lo sea. Y el resultado podría ser totalmente devastador".[12]

—Kelly Land, una madre de
Asheville, Carolina del Norte

"En el mundo actual, vemos a nuestros presidentes, primeros ministros, nuestros príncipes y nuestros potentados y los describimos como nuestros líderes, pero no lo son. Son meramente nuestros gobernantes. Los líderes son las personas que cambian las mentes y estimulan las imaginaciones del público, sean niños o adultos. Eso significa quienes hacen cine, que las personas que hacen programas de televisión, las personas del entretenimiento que están en el negocio".[13]

—Hijastro de C.S. Lewis, Douglas Gresham

"Con sinceridad, quedé muy sorprendido cuando leí la crítica de Audioslave, y pasé a leer quizá una docena más. Yo esperaba que fuesen ese tipo de condenaciones de rayos y truenos de todo tipo de música rock y rap. En cambio, descubrí que las críticas eran mucho más consideradas que las de la típica revista de críticas de rock".[14]

> —Exguitarrista de Rage Against the
> Machine/Audioslave, Tom Morello,
> describiendo su introducción a las críticas
> de CD de Plugged-In (Conectados)

"Con frecuencia, después de haber visto algunas películas descubro que he sido inspirado y elevado. Pero con frecuencia, una película deja a la persona con el sentimiento de haber sido interiormente forzado... Uno se queda decaído. Nadie debería exponerse nunca a ese tipo de película, no si valora los valores más elevados. Es como meter cerdos en la sala de su casa".[15]

> —Misionero en India, E. Stanley Jones
> (sorprendentemente, escrito en 1936)

Responda a las objeciones de su hijo

Recientemente me presté voluntario para ser entrenador en un programa de atletismo de una escuela primaria local. Cuando llegó nuestro primer recorrido, me encontré llevando a dos de los miembros del equipo, uno de tercer grado y el otro de quinto grado, hasta el lugar.

Solo habíamos recorrido unas millas cuando la conversación giró en torno al rapero Eminem. Era obvio que ambos muchachos admiraban a este músico irreverente. Yo expresé una opinión diferente.

Poco después pasamos al lado de un edificio que uno de los muchachos reconoció. "¡Esa es mi iglesia!", exclamó. Durante unos minutos, la conversación se centró en la asistencia a la iglesia, un tema que a mí me gustaba. Pero con la misma rapidez la conversación pasó al cine. El muchacho más mayor describió una escena de una película de terror para mayores de 17 años. No mencionó el título, pero yo supe qué película era de inmediato, al haberla visto como parte de mi trabajo con Conectados. Describir la película como excesivamente violenta sería quedarse corto al hablar de cantidad de sangre. ¿Y el lenguaje? Diremos, más de 25 palabrotas, entre otras cosas.

Al ir en el auto con dos muchachos apenas lo bastante mayores para atarse los cordones de sus zapatos, me di cuenta que ellos ya habían estado expuestos a imágenes, lenguaje y temas ocultistas que incluso los adultos no deberían experimentar. En un sentido muy real, esos muchachos eran víctimas de lo que yo considero una forma de abuso infantil. Parte de la inocencia de su niñez ya había sido perdida.

Yo intenté decirles algo constructivo, pero no estoy seguro de que mis palabras marcasen un impacto.

Me pregunté sobre el resto de la historia. ¿Habían visto esos dos muchachos la película completa? ¿Habían entrado en la habitación donde sus padres la estaban viendo? ¿La habían visto en un canal de televisión por cable cuando sus padres no estaban en casa? Por la conversación que tuvimos, estaba claro que habían visto demasiado.

También parecía que habían estado expuestos en varias ocasiones a este tipo de entretenimiento oscuro.

¿Cómo podría ese contacto no dejar una marca indeleble en sus mentes, espíritus y conductas? No pude evitar sino entristecerme, no solo por ellos dos, sino también por los miles de niños que han sido expuestos de manera parecida.

"¡Pero eso no me influencia!", podrían haber intentado decir aquellos muchachos. No estarían solos.

Si ha escuchado a su hijo decir esas palabras, probablemente estuviera en medio de una discusión sobre si él o ella podían ver cierta película o programa de televisión, escuchar una canción en particular o mirar una página web concreta.

Si usted *no ha* escuchado esas palabras, quizá podría necesitar realizarse un chequeo auditivo.

En este capítulo veremos la que puede que sea la respuesta común de la generación más joven a la palabra "no". Los ejemplos y razonamientos que encontrará aquí le ayudarán a formar una respuesta propia.

Bajo la influencia

He oído las seis historias siguientes de primera mano. Solamente los nombres han sido cambiados.

- Cuando Katie, la hija de 14 años de Judy, fue invitada por una amiga de la iglesia a participar en una fiesta de pijamas, mamá no dudó en darle permiso. Después de todo, Judy conocía a la muchacha. Judy y su esposo conocían a la familia. Y todas las muchachas que participarían eran de su congregación. ¿Qué podría salir mal?

  Bueno, tal como Judy me dijo: "Las muchachas vieron películas de terror; y al no querer quedarse aislada, ella se sentó para ver una y tuvo pesadillas durante meses después de aquello. Para mi hija, la película fue esencialmente un ataque espiritual".

- La hija de cuatro años de Paula era siempre dulce y sensible. Un día, sin embargo, la pequeña dejó totalmente asombrada a su mamá al decirle una palabrota. No era necesario tener un título en psicología para darse cuenta de dónde había salido esa vulgaridad repentina: la niña había pasado por la sala la semana antes, donde el diálogo de una película incluía esa misma crudeza.

- Un padre explicó que su hijo de cinco años comenzó a utilizar mal el nombre de Dios después de escuchar una caricatura animada e "inocente" de Disney.

- Otro estreno para todos los públicos hizo que el niño pequeño de una familia se comportase como un "adolescente hormonal"; algo común, ya que los pequeños inconscientes de su propia sexualidad puede que comiencen a vestirse y hablar de maneras sexuales al recibir ejemplos del entretenimiento, las muñecas o los juguetes.

- Una mujer me describió que una escena en una película le condujo a comenzar a hacerse cortes cuando llegó a ser adulta, y agudizó aún más su profunda depresión.

- Un amigo me dijo que su modo de conducir se volvió peligrosamente errático, haciendo bruscos virajes en el tráfico, inmediatamente después de haber visto payasadas similares en una película. "Era casi como si me hubiera transportado a mí mismo al personaje de la gran pantalla y estuviera conduciendo como si estuviese en Talladega", me dijo.

Todas estas historias arrojan dudas sobre el mito de que los medios de comunicación no pueden influenciarme. Sin embargo, decírselo a sus hijos no necesariamente cambiará su modo de pensar. A los seres humanos nos encanta nuestra ficción, y tendemos a catalogarla como hecho cuando nos hace sentir incómodos.

Tres maneras de verlo

Cuando se trata de la influencia de los medios de comunicación, hay tres puntos de vista. Su hijo probablemente tenga uno de ellos, o pronto lo tendrá.

En primer lugar, hay algunos raros individuos que afirman que los medios de comunicación no pueden de ninguna manera influenciar la conducta, las actitudes y los valores.

En segundo lugar, están quienes creen que el entretenimiento puede influenciar y lo hace, pero rechazan la idea de que pudiera afectarles personalmente. Estas personas dirían que la influencia de los medios la sienten primordialmente los débiles, los jóvenes y los impresionables.

En tercer lugar, existe el punto de vista de que el entretenimiento no solo puede influenciar a las personas y lo hace, sino que también puede influenciar y lo hace *a todos*. Después de casi dos décadas de estudiar la cultura, yo creo que este punto de vista es preciso.

Muchas personas creen los dos primeros mitos, pero incontables situaciones en la vida real los refutan, como verá usted en este capítulo.

Por tanto, ¿por qué es tan difícil para muchos aceptar la verdad? Porque si admiten que el entretenimiento podría influenciar sus pensamientos y sus decisiones, lógicamente se deduce que deben guardar el modo en que consumen el entretenimiento y escoger con cuidado lo que ven y lo que escuchan.

Y no quieren hacer eso.

Este es mi punto de vista: *Ninguno de nosotros, incluyéndome a mí, está por encima de ser negativamente influenciado por el entretenimiento que consumimos*. Si creemos que lo estamos, es mucho más probable que ingiramos los tipos de entretenimiento que pueden hacernos tropezar. Aquellos de nosotros que somos seguidores de Cristo puede que deseemos que nuestra fe nos vacune mágicamente contra la influencia de los medios. No es así. Sin duda, puede ayudar, pero no es un curalotodo.

Por eso es tan importante retar a nuestros hijos cuando dicen: "Pero a mí no me influencia". El desafío no tiene por qué ser una confrontación; una calmada presentación de los hechos bastará, y no hay necesidad alguna de presentar todos los hechos de una vez. No está usted argumentando un importante caso delante de la Corte Suprema, sino que está alentando a su hijo a considerar el tener sabiduría.

Por tanto, cuando se presenten por sí mismos momentos de enseñanza, cuando haya un sórdido anuncio de cerveza o una vengativa canción "de amor" salga de la radio del auto, por ejemplo, aproveche la oportunidad para contrarrestar el mito. A continuación hay nueve puntos que podría usted establecer a la larga, teniendo en mente la madurez y el lapso de atención de su hijo. No intente usar cada una de las evidencias presentadas aquí, y siéntase libre para expresarlas de maneras que satisfagan las necesidades de su familia.

Punto 1: Los anunciantes cuentan con la influencia de los medios
Los programadores de televisión han afirmado por años que ellos solo reflejan la sociedad pero no tienen la capacidad de moldearla; lo cual

parece extraño, considerando que se dan palmaditas de felicitación a ellos mismos en la espalda cuando se trata del poder de la publicidad.

Cuando una empresa del Fortuna 500 llama a un emisor o un canal por cable para hablar de comprar tiempo de emisión, los ejecutivos de televisión dicen una cosa totalmente distinta cuando se trata de influencia. En esas llamadas sobre ventas, explican profundamente que ellos pueden afectar las conductas de los compradores, hablando de cómo un mero anuncio de 30 segundos en televisión puede hacer que la gente limpie sus baños con cierto producto o pague dinero para que les entreguen en sus casas comidas bajas en calorías.

Y tienen razón. No parpadean cuando revelan el precio de sus anuncios. En un informe se decía, por ejemplo, que Fox cobraba un promedio de 3 millones de dólares por espacios de 30 segundos en la Super Bowl de 2011, y que el 90 por ciento de ellos estaban vendidos cinco meses antes del evento.[1]

Pero pensémoslo. Es totalmente irracional que los ejecutivos de televisión argumenten que sus medios no pueden influenciar, y después lleguen a grandes extremos para demostrar que sí lo hace. Tristemente, muy pocas personas piden explicaciones señalando que ellos no pueden decir ambas cosas a la vez.

Una excepción es Bill Cosby. Situada cerca de mi computadora en la oficina por varios años ha estado esta cita del conocido cómico: "Las redes dicen que no influencian a nadie. Si eso es cierto, ¿por qué tienen anuncios? ¿Por qué estoy sentado yo aquí con un postre de la marca Jell-O?".[2] Él entiende que los medios tienen una poderosa influencia en la sociedad. Si unos meros 30 segundos pueden hacernos comprar un postre en particular, apurar un trago de un refresco que hace imagen, o enviar nuestro currículum a una página web en particular, no hay duda de que las comedias de 30 minutos, los dramas de 60 minutos y las películas de dos horas de las mismas redes también están marcando un impacto.

Punto 2: La investigación muestra la conexión

En 2004, Rand Corporation publicó un estudio que vinculaba la televisión sexualizada con la conducta sexual real. Entre 1792 adolescentes encuestados, quienes veían programas de televisión con mucho contenido sexual tenían dos veces más probabilidades de participar en una relación sexual que sus compañeros que veían pocos de tales programas. Dos años después, el mismo grupo de investigación hizo un descubrimiento parecido con respecto a la música: de 1461 adolescentes encuestados, quienes escuchaban música sexualizada tenían casi dos veces más probabilidad de participar en una relación sexual que sus compañeros que escuchaban muy poca (dos años después del sondeo).[3]

Investigadores en 2006 en la Universidad de Carolina del Norte en Chapel Hill descubrieron que los adolescentes de raza blanca que consumen mucha música, televisión y películas de contenido sexual tienen más de dos veces la probabilidad de practicar sexo a los 16 años de edad que sus compañeros menos expuestos.[4]

La correlación no es tan fuerte entre adolescentes afroamericanos.

Investigadores en Dartmouth Medical School publicaron un informe en 2010 que descubrió que estudiantes de secundaria cuyos padres prohibían las películas para mayores de 17 años tenían menos probabilidad de beber alcohol que aquellos a quienes les permitían ver tales películas. Casi el 25 por ciento de los jóvenes que tenían padres permisivos habían intentado beber sin el conocimiento de sus padres, comparado con apenas el 3 por ciento de aquellos a quienes "nunca se les permitía" ver películas restringidas. El pediatra y profesor de Dartmouth, James Sargeant, coautor del estudio, dice que los investigadores controlaron el estilo de crianza de los padres y siguieron descubriendo que "el efecto del cine está muy por encima de ese efecto". Explica Sargeant: "La investigación hasta la fecha sugiere que evitar que los niños vean películas para mayores de 17 años puede ayudarles a evitar beber, fumar y hacer muchas otras cosas que los padres no quieren que ellos hagan".[5]

Otros estudios señalan una y otra vez a la misma conclusión: los jóvenes *son* afectados por lo que ven y escuchan. De hecho, después de examinar 173 estudios que implicaban medios y conducta, investigadores en National Institutes of Mental Health, trabajando con Common Sense Media, descubrieron que el 80 por ciento de ellos vinculaba los medios (definidos como televisión, cine, juegos de video, música, la internet y las revistas) con resultados adversos para los niños, incluyendo consumo de tabaco, de drogas y de alcohol, obesidad, actividad sexual, problemas de atención y malas calificaciones escolares. El 93 por ciento de los estudios descubrieron que los niños expuestos a más medios practican sexo antes.[6]

Punto 3: Si se puede tener una influencia positiva, se puede tener otra negativa

Sí, el entretenimiento puede influenciar a las personas para bien. Me gusta el modo en que el Rev. Michael Catt, pastor principal de la iglesia Sherwood Baptist en Albany, Georgia, lo expresa: "El cine es la vidriera del siglo XXI, el lugar para contar la historia del evangelio a personas que puede que no lean la Biblia".[7] Él deberá saberlo. Su iglesia ha producido varias películas *(Enfrentando a los gigantes, Prueba de fuego, El viaje de la vida y La fuerza del honor)* que han influenciado matrimonios, la paternidad y vidas espirituales alrededor del mundo. La "vidriera" de *Prueba de fuego* causó un impacto en más de 55 países, y fue traducida a una docena de idiomas. *Enfrentando a los gigantes* incluso apareció como entretenimiento en un vuelo de una aerolínea musulmana.

Otros ejemplos positivos incluyen:

- Cruzada Estudiantil calcula que la película de 1979, *Jesús*, vista al menos por mil millones de personas en todo el planeta, ha conducido casi a 225 millones a recibir a Cristo como Salvador.[8]
- Según los productores de la película *Bella*, al menos 40 mujeres embarazadas que estaban pensando en abortar decidieron dar a luz después de experimentar el potente mensaje de la película a favor de la vida. Otros espectadores decidieron adoptar como resultado de ver la película.[9]
- Danielle Suttle, de cuatro años de edad, se sentó en la cama a las 4:00 de la madrugada cuando el olor a humo la despertó. Salió corriendo al pasillo para alertar a sus padres del peligro, un acto que los bomberos creen que salvó a toda la familia. ¿Cómo supo ella qué tenía que hacer? Había visto a Barney, el dinosaurio púrpura de la PBS, dar instrucciones sobre cómo reaccionar. "Barney dice que si hueles humo, tienes que ir a avisar a tu mamá", dijo Danielle.[10]
- Grayson Wynne, de 9 años, se perdió en el Bosque Nacional Ashley de Utah en 2009. Al haber aprendido sobre capacidades de supervivencia en el programa de Discovery Channel, *Man vs. Wild*, fue encontrado por rescatadores un día después de perderse. El programa le mostró cómo dejar pistas

para ayudar a los rescatadores a seguir su rastro, rompiendo pedazos de su sobretodo amarillo y atándolos a los árboles.[11]

Por tanto, si el entretenimiento puede influenciar positivamente, ¿por qué no negativamente? El presentador del programa Game, Pat Sajak, lo expresa de este modo:

La gente de televisión se ha vendado los ojos y se niega rotundamente, y también la gente del cine, a admitir que pueden tener mala influencia en nuestra sociedad. Y usted conoce el argumento. Es: "Nosotros solamente reflejamos lo que sucede, no lo perpetuamos". Y sin embargo, no pasa una sola semana en esta ciudad donde no haya una ceremonia de entrega de premios y se feliciten los unos a los otros dándose palmaditas en la espalda y diciendo: "Ustedes hicieron que hubiera una mayor conciencia sobre el SIDA, ya no habrá más abuso infantil gracias a este programa tan bueno que hicieron". El argumento es que solo se puede influenciar para bien, pero no para mal. Eso no tiene ningún sentido en absoluto.[12]

Punto 4: Las personas admiten que fueron influenciadas

Incontables personas que han hecho cosas ilegales, peligrosas o sencillamente necias testifican que fueron influenciadas por los mensajes de los medios de comunicación. Otros podrían decir que quienes las hicieron estaban utilizando el entretenimiento como excusa, ¿pero acaso no hay un patrón en informes como los siguientes?

- Varios crímenes han sido relacionados con juegos de video en los cuales los jugadores son recompensados por robar autos o cometer otros actos ilegales. Seis adolescentes fueron procesados en Mineola, Nueva York, después de una diversión criminal que incluía atacar a un hombre y amenazar a otros motoristas con un bate de béisbol, una palanca y un palo de escoba. Los adolescentes, de edades entre 14 y 18 años, dijeron a la policía que estaban imitando los populares juegos de video *Grand Theft Auto*.[13]

   En Tailandia, todo el mercado de *Grand Theft Auto* fue prohibido después del asesinato de un taxista por parte de un adolescente que confesó que estaba imitando la violenta serie. El estudiante de secundaria dijo: "Necesitaba dinero para jugar el juego cada día. Mis padres me daban solamente 100 baht al día, y eso no es suficiente".[14]

Reader Digest citó a una persona anónima, un pandillero encarcelado de Oakland, California: "Jugábamos [a *Grand Theft Auto*] por el día y practicábamos el juego en la noche".[15] Él describía cómo el juego se convirtió en cierto tipo de entrenamiento de realidad virtual, y que su pandilla ha estado relacionada con robos de autos y al menos siete asesinatos.[15]

Incluso la colaboradora de la revista *Wired*, Susan Arendt, se encontró influenciada por *Grand Theft Auto*:

Nunca me creí el argumento de que el contenido de un juego de video tuviera probabilidad de influenciar en las acciones de una persona, pero después de haber pasado varios días jugando *Grand Theft Auto IV* y un reciente viaje fuera de la ciudad, ya no sigo estando tan segura…A pesar del razonable ritmo de velocidad que llevaban los autos que me rodeaban, yo enseguida me impacientaba con mi percibida falta de progreso…Al aproximarme a un semáforo en rojo y un cruce vacío, pasó por mi mente la idea de que debería sencillamente cruzarlo. No lo hice, desde luego, pero el pensamiento estuvo ahí igualmente…Ninguna persona responsable duplicará el límite de velocidad simplemente porque se haya pasado la tarde detrás de un volante virtual. Pero ¿qué de una persona irresponsable? Si yo, que no había tenido ni siquiera una multa por exceso de velocidad en más de una década, pude sentir el innegable impulso de hacer cosas malas con mi auto después de jugar *GTA*, ¿qué de alguien que no sea tan cuidadoso?[16]

• Pensemos en Mario Padilla, de 17 años, y su primo, Samuel Ramírez de 16. Padilla fue condenado por apuñalar a su madre hasta la muerte mientras que Ramírez la agarraba en una matanza que ellos dicen que estuvo motivada por haber visto la película de miedo *Scream*. En una confesión grabada a la policía, los adolescentes dijeron que mataron y robaron a Gina Castillo para conseguir dinero para comprar disfraces como los utilizados por el asesino en la película. También le dijeron a la policía que tenían intención de llevarlos puestos cuando matasen a varios de sus compañeros de clase.[17]

- Una historia en la MTV News en marzo de 2008 notaba la popularidad cada vez mayor de la Wicca y la brujería. "¿Y cómo se llega a ser una bruja?", preguntaba el escritor Alex Mar. "Un sorprendente número de brujas jóvenes con quien la MTV habló…dijeron que sintieron curiosidad acerca de su fe por medios desorientadores de la cultura pop como el vehículo de la afectada Neve Campbell, *The Craft* [Jóvenes brujas], y la serie de *Harry Potter*". Mar añadió: "Supongo que algunos grupos cristianos conservadores tenían razón con respecto a eso".[18]

- En marzo de 2009, un muchacho de 13 años de Des Moines, Iowa, fue llevado a un correccional juvenil por acusaciones de asalto después de haber supuestamente mordido a once estudiantes en su clase de secundaria. ¿Su inspiración? "Cuando la policía se puso en contacto con el padre del muchacho", informaba *The Des Moines Register*, él dijo que su hijo no tenía intención de hacer daño a nadie, y que mordía a otros estudiantes debido a la película [de vampiros] *Crepúsculo*".[19]

- Casi cada tiroteo en escuelas tiene cierta relación con los medios de algún tipo, incluyendo la del tirador con el que hablé personalmente (véase el artículo al final de este capítulo). En la década de 1990, varios asesinatos bien documentados fueron relacionados con la película de Oliver Stone *Natural Born Killers* [Asesinos por naturaleza].[20] La década siguiente vio a varios fans del artista del rap Eminem confesar haber asesinado, inspirados en parte por las letras violentas.[21] Una lista que mantenemos en la oficina de Plugged-In, que llamamos documento C&E (Causa y Efecto), actualmente incluye 308 ejemplos que relacionan el entretenimiento con eventos en las noticias. No todos ellos citan incidentes problemáticos concretos, pero la mayoría lo hace.

- Muchos que vieron la película *Avatar* dijeron que fueron fuertemente influenciados por su descripción del mundo ficticio de Pandora. Una página titulada "Foros de *Avatar*" recibió más de 1000 aportaciones sobre el tema de cómo manejar la depresión después de haber visto la película. Para algunos, Pandora era tan hermosa que hacía que vivir en la tierra pareciese sin sentido. Un fan llamado Mike escribió en la página

"Naviblue": "Desde que fui a ver *Avatar* he estado deprimido. Ver el maravilloso mundo de Pandora y todos los Na'vi me hizo querer ser uno de ellos". Él añadió que sus pensamientos se habían dirigido hacia el suicidio; se preguntaba si renacería en un mundo parecido al de Pandora.[22]

- Hay literalmente cientos de casos en los cuales los medios y el asesinato están relacionados. En Walsenburg, Colorado, un adolescente fue arrestado por el "emocionante" asesinato del exalcalde de la ciudad, de 91 años de edad. Una historia de Associated Press mencionaba que el muchacho de 17 años acusado del crimen "iba a matar a un amigo debido a que una canción que había oído le decía que lo hiciera".[23] Por alguna razón, el supuesto asesino cambió de idea y fue en cambio a la casa del anciano. Según el asistente suplente del fiscal del distrito de Walsenburg, el muchacho era un fan del dúo de rap conocido como Insane Clown Posse, cuyas letras incluyen lo siguiente:

Reuní miembros y me hicieron un zombie
Usé tantas partes corporales que fue una locura
Maté a varios [palabrota], como... ¿ochenta?
Estoy aserrando un codo.[24]

Estos son solo algunos de los incidentes que llegaron a las noticias locales y nacionales. Creo que, si somos sinceros, casi todos nosotros tenemos alguna historia que contar sobre cómo hemos sido influenciados por los medios de comunicación. Pocos llegarían al periódico o a las noticias.

Quizá su historia sea sobre un adolescente que prueba en las carreras después de haber visto una película sobre autos rápidos. O tener una cruda blasfemia dando vueltas en sus pensamientos después de haber oído una canción. O llegar a ser bulímico después de haberlo visto como un eficaz método de pérdida de peso en la televisión.

Todos somos impresionables. Cuando yo le pregunté a mi hijo, Trevor, si podía recordar alguna escena de una película de miedo que le hubiera molestado durante la niñez, ¡él me dio el título de un video cristiano! Yo sé que el temor no era el resultado intencionado, pero así fue como resultó en la mente de Trevor cuando él era pequeño. Eso se debe a que el entretenimiento es influyente, como muchos pueden atestiguar, y lo hacen.

Punto 5: Los recuerdos permanecen

¿Ha tenido alguna vez una melodía que no se iba de su cabeza? Lo único que necesita oír son unos cuantos compases y comienza involuntariamente a dar vueltas en su cabeza. *Durante horas.*

Podría ser una música de un anuncio o un éxito de las 40 mejores canciones. Ya sea que hayamos recordado la última canción que oímos en la radio antes de salir del auto, nos quedemos con un himno del servicio de adoración matutino hasta bien entrada la tarde del domingo, o intentemos eliminar de nuestra mente una canción de la televisión, creo que todos hemos experimentado esto.

Y no es solamente la música. La letra también se queda dando vueltas; y parte de ellas puede que sean bastante inquietantes cuando nos detenemos a pensarlas.

Tristemente, puedo recordar como pastor de jóvenes dar vueltas en mi cabeza a la letra de la canción "Cocaine" de Eric Clapton antes de pasar a la plataforma de la iglesia para dirigir la oración. Yo no estaba en peligro de esnifar ningún polvo blanco debido a esa letra, pero sin duda tampoco me ayudaba a dirigir a la congregación hacia la presencia de Dios. Unos 25 años después aún puedo recordar ese incidente porque me alarmó en cuanto a poder ser tan fácilmente influenciado.

También están los medios visuales. La mayoría de nosotros podemos traer a la mente imágenes que desearíamos poder borrar mentalmente, cosas que hemos visto en películas, en revistas o en la televisión. El punto es que la música y las imágenes tienden a viajar con nosotros. Para bien o para mal, rara vez entran por un oído o un ojo y salen por el otro.

Punto 6: Nos encantan las endorfinas

Hay cada vez más evidencia de que el cantante B.J. Thomas tenía razón: Es posible llegar a estar "enganchado a un sentimiento".

Cuanto más vivo, más convencido estoy de que la música desempeña un papel muy importante en nuestro humor y puede crear (o al menos ayudar a crear) un estado emocional, con frecuencia un estado al que queremos regresar una y otra vez.

A continuación doy un ejemplo de cómo funciona conmigo. Después de reseñar una película objetable como parte de las responsabilidades de mi trabajo, lo último que quiero que suene en el estéreo de mi auto cuando regreso a casa es algo alto y con un fuerte sonido de bajo. Normalmente, busco una estación de radio que emita alabanza y adoración o escucho algunos de mis temas cristianos contemporáneos favoritos mediante mi iPhone. Esas canciones me resultan refrescantes para mi espíritu.

Pero yo también soy corredor. No querría tener melodías de alabanza en el estéreo antes de una gran carrera. Antes del pistoletazo de salida, quiero oír algo como el tema de *Rocky* o *Top Gun*. Y a juzgar por la mayoría de la música que he escuchado antes de las carreras, no soy el único.

Tampoco soy el único que cree que la música y las imágenes visuales despiertan sensaciones que marcan una diferencia. En una ocasión hablé con el Dr. Richard G. Pellegrino, Doctor y Máster en neurología y neurociencia, sobre el efecto que tiene la música en nuestras emociones. Cuando le entrevisté, él había estado trabajando con el cerebro por 25 años, y dijo que nada de lo que él hacía afecta el estado mental de la persona del modo en que puede hacerlo una simple canción.

Al haber trabajado en una sala de urgencias en la ciudad de Nueva York, el Dr. Pellegrino observó que los adictos a las drogas con frecuencia estaban más preocupados por sentimientos que por la vida misma. A medida que los pacientes con sobredosis batallaban por respirar, la plantilla de urgencias trabajaba febrilmente para preparar inyecciones de Naloxone, un medicamento que ata la euforia del opio. El resultado, decía Pellegrino, era "de sesenta a cero al instante". Pero en lugar de estar emocionados porque sus vidas hubieran sido salvadas, los adictos con frecuencia se levantaban tambaleándose, molestos de que el equipo de urgencias hubiese arruinado su euforia.

¿Qué tiene que ver esto con la música? Mucho. Según Pellegrino, los mismos "receptores que atan el opio también atan las endorfinas, un tipo de opiáceo natural que se encuentra en el cerebro". Los experimentos han demostrado que si se le da Naxolone a un grupo de personas y se les pide que escuchen sus canciones favoritas, de repente se convierte en un ejercicio intelectual; la intensidad de las emociones parece disminuir.

Por tanto, la música (y yo creo que los medios visuales) tiene la capacidad de dar forma a nuestros sentimientos. Eso no es malo; después de todo, Dios inventó la música y que las personas la escuchen. El problema llega cuando nos volvemos adictos a los sentimientos y escogemos la música equivocada para obtenerlos, o cuando seguimos escogiendo canciones que nos sitúan en un estado de enojo, depresión o rebelión.

Punto 7: Los medios hacen más difícil la moralidad

Después de hablar con un grupo de adolescentes sobre su necesidad de honrar a Cristo al escoger sus entretenimientos, un joven se levantó para desafiarme sobre una película que yo había mencionado. Él estaba en fuerte desacuerdo con mi opinión de que esa película estaba llena de contenido problemático (incluyendo dos fuertes escenas sexuales y desnudez femenina frontal). Dijo que aunque la película era relativamente nueva, él ya la había visto cinco veces.

Descartando mis objeciones, siguió hablando sobre los increíbles efectos especiales de la película y su trama. Yo no estaba en desacuerdo con ninguna de esas cosas, pero intenté explicar que no deberíamos basar las películas que vemos solamente en esos elementos. No parecía que pudiera convencerle.

Finalmente le pregunté: "¿Has visto alguna vez esta película y después de ver la desnudez o escenas sexuales te has encontrado batallando con la lujuria y con pensamientos y deseos impuros?".

Él no respondió. Lentamente bajó su cabeza y se alejó. Yo tuve que suponer que si su respuesta a mi pregunta era "No", me lo habría dicho. Pero su silencio habló muy alto.

Es raro que haya una película, programa de televisión, álbum importante o página web que, cuando se refiere a la intimidad física, lo haga de una manera que honre a Cristo. Por el contrario, el sexo fuera del matrimonio con frecuencia se presenta como superior a lo que Dios tiene en mente. Para un adolescente que espera a ese cónyuge futuro para toda la vida, no habrá mucha ayuda por parte de Hollywood, la internet o la industria discográfica.

Cuando los medios describen a parejas no casadas pero que tienen una relación sexual como la norma, y toda forma de perversidad como normal o divertida, ¿debería sorprendernos cuando a nuestros hijos les resulta más difícil que nunca luchar contra la tentación sexual? En 2006, el *Journal of Adolescent Health* informaba que los adolescentes que absorben entretenimiento sexualmente implícito tenían más frecuentemente hasta 2,2 mayor probabilidad de haber tenido relaciones sexuales entre los 14 a los 16 años de edad que quienes consumían el mínimo. El estudio destacaba: "Los adolescentes que están expuestos a más contenido sexual en su consumo de medios, y que perciben un mayor apoyo de los medios a la conducta sexual adolescente, informan de mayor actividad sexual y mayores intenciones de participar en la relación sexual en el futuro cercano... Los medios puede que sirvan como cierto tipo de 'súper amigo' para adolescentes que buscan información sobre sexualidad porque el contenido sexual en los medios es omnipresente y fácilmente accesible, y los mensajes sexuales son comunicados por modelos familiares y atractivos".[25]

Los hijos de familias cristianas no son inmunes a esta influencia. Veamos al joven que habló conmigo después de mi presentación, por ejemplo.

En primer lugar, él era activo en un grupo de jóvenes en una iglesia; o al menos escogió asistir aquella tarde en particular. Él había tenido cierta exposición a los principios bíblicos y al concepto de vivir para Cristo. Pero nada de eso parecía importar mucho, al menos en este "compartimento" de su vida.

En segundo lugar, él estaba muy inmerso en la cultura popular; como lo están la mayoría de los chicos. Daba mucho valor a su propio disfrute. Si él tuviera que evaluar su importancia, creo que le habría dado un 10 en una escala de 1 a 10.

En tercer lugar, él tomaba decisiones en cuanto a entretenimiento sin considerar cómo esas decisiones podrían ser contrarias a la pureza sexual en su propia vida. Parece que él no incluía a su Creador en el proceso de decisión. El hecho de que hubiera visto esa película cinco veces sugería que sus padres tampoco estaban muy implicados. No pareció ocurrírsele consultar la Palabra de Dios sobre el tema.

Más de tres cuartas partes de los muchachos adolescentes (78 por ciento) sienten que "hay demasiada presión de la sociedad" para ser sexualmente activo, según una encuesta realizada por la revista *Seventeen* y la Campaña Nacional para la Prevención del Embarazo Adolescente y no Deseado".[26]

No me preocupa que la mayoría de los adolescentes cristianos vayan a convertirse en el siguiente tirador parecido al de la universidad Virginia Tech. Pero con este tipo de presión proveniente de muchas películas, canciones, programas de televisión y páginas web, sí me preocupa lo cada vez más difícil que es para los muchachos reservar la actividad sexual para el matrimonio. Por difícil que es para nuestros hijos honrar a Cristo con su sexualidad, se vuelve exponencialmente más difícil cuando se sabotean a sí mismos al consumir intencionadamente medios de comunicación con temas y mensajes sexuales que están en conflicto con el diseño de Dios.

Punto 8: La sociedad reconoce el impacto de fumar en la pantalla
Si pudiera chasquear mis dedos mágicamente y hacer que seis conductas destructivas desaparecieran de repente del mundo, probablemente el fumar no sería una de ellas. Para mí, hay peces más grandes que freír. Pero es bueno que, por alguna razón, personas a ambos lados del pasillo político se hayan unido para intentar reducir el tabaquismo entre adolescentes. Están intentando que las empresas del mundo del entretenimiento dejen de dar *glamour* a encender un cigarrillo.

Aún más, mucho dinero de la investigación se ha dirigido al estudio de los efectos del humo en la pantalla y el modo en que puede influenciar a los jóvenes para que comiencen este dañino hábito. Sorpresa: ¡el tabaco en pantalla realmente influencia el fumar en la vida real!

Un estudio publicado en *Archives of Pediatric and Adolescent Medicine* en 2008 descubrió que los adolescentes de raza blanca estadounidenses que ven muchas películas para mayores de 17 años tienen hasta *siete* veces más probabilidades de comenzar a fumar que sus iguales que tienen menos exposición a tales películas. Según el editor científico, el Dr. Ronald Davis, "las imágenes de personas fumando en las películas están causalmente relacionadas con la iniciación al tabaco de los jóvenes", con "adolescentes con mayor exposición al tabaco en las películas" de 2 a 2.7 más probabilidad de probar el tabaco.[27]

Unos años antes del informe de *Archives of Pediatric and Adolescent Medicine*, otro estudio nacional a más de 6.500 niños y 532 películas reveló que el 38 por ciento de fumadores de edades entre 10 y 14 años comenzó su hábito después de verlo en la gran pantalla. Aunque no más del 10 por ciento de todos los jóvenes en este grupo de edad fuman, quienes fueron testigos de más escenas de tabaco en la pantalla tenían 2,5 veces más probabilidad de fumar que quienes vieron menos.[28]

El guionista de Hollywood Joe Eszterhas (*Instinto Básico, Showgirls*) explicaba en una entrevista cómo una película de Jerry Lee Lewis titulada *High School Confidential* ayudó a influir en su propio hábito de fumar. Añadió: "Comencé a encontrarme con otras personas en la vida normal del día a día que también recordaban momentos concretos y actores concretos [que condujeron a su hábito de fumar]. Un hombre en mi video club local recordaba a Robert Mitchum fumando en una película y eso le condujo a fumar; recibí un correo electrónico de un hombre en Japón que recordaba a Humphrey Bogart y cómo eso le condujo a fumar; recibí otro correo de un hombre que recordaba las películas de James Bond [originales] y cómo le condujeron a fumar".[29]

Existe un amplio acuerdo en que los medios han inspirado a muchas personas a fumar. Por tanto, ¿por qué abordar solamente el tema del tabaco? ¿Por qué no los mensajes sexuales? ¿El lenguaje? ¿El consumo de drogas y alcohol? ¿La violencia? Si es cierto que fumar en la pantalla está relacionado con fumar en la realidad, entonces lógicamente se deduce que otras conductas en pantalla deben de estar relacionadas también con acciones en la vida real.

Punto 9: Gente dentro de Hollywood admite su influencia

Una cosa es que personas como yo afirmen que el entretenimiento con frecuencia tiene un efecto poderoso y negativo, pero cuando las personas que producen ese entretenimiento dicen lo mismo, ¿no es momento de prestar atención?

Por ejemplo, después de preguntarse si el tirador en 2007 en Virginia Tech fue influenciado por la violenta película coreana *Oldboy*, el guionista de cine Mike White (*School of Rock*) escribió lo siguiente:

La idea de que "las películas no matan a personas, los lunáticos lo hacen" es liberador para nosotros los guionistas porque nos permite dar vida a nuestras fantasías más dementes y ponerlas en la gran pantalla sin retorcernos las manos ansiosamente. Todos sabemos que hay mucho dinero que ganar al traficar con sangre y vísceras. Los varones jóvenes, el segmento demográfico al que persiguen incansablemente los cineastas, se tragan esa sangría. Qué alivio que nos digan que el modo en que nos ganamos ese dinero puede que sea de mal gusto, pero no es irresponsable. El adolescente estadounidense promedio conoce la diferencia entre lo bueno y lo malo, y ninguna película retorcida y sádica va a influenciarle. Mi propia experiencia como adolescente me dice otra cosa. Para mis amigos y yo, las películas eran una gran influencia sobre nuestra ropa, nuestro lenguaje y el modo en que pensábamos sobre las figuras de autoridad y cómo hablábamos con ellas, y sobre nuestras novias. Las películas inundaban nuestras vidas de fantasía y nuestras vidas reales de maneras sutiles y profundas…Nosotros [en la industria] sabemos mejor que nadie el poder que tienen las películas para captar nuestra imaginación, moldear nuestro pensamiento e informar a nuestras decisiones, para bien o para mal.[30]

Y a continuación está de nuevo el guionista Joe Eszterhas:

Un cigarrillo en las manos de una estrella de Hollywood en la pantalla es una pistola dirigida a una persona de 12 o 14 años…La pistola estallará cuando ese muchacho sea adulto. Nosotros en Hollywood sabemos que la pistola estallará; sin embargo, nos ocultamos tras una pantalla de humo de frases como "libertad creativa" y "expresión artística".

Esas palabras altaneras son mentiras pensadas, en el mejor de los casos, para ocultar la pereza. Yo lo sé. Yo he dicho esas mentiras. La verdad es que hay 1000 maneras mejores y más originales de revelar la personalidad del personaje…Yo he sido cómplice de los asesinatos de incontables números de seres humanos. Estoy admitiendo esto solo porque he hecho un trato con Dios. Guárdame, dije yo, y yo intentaré evitar que otros cometan los mismos delitos que yo.[31]

No todos en Hollywood estarían de acuerdo con afirmaciones como esas, desde luego. Y quienes sí están de acuerdo están, sin duda alguna, bajo una gran presión para no hablar. Pero cuando lo hacen, no se les puede ignorar.

¿Protesta denegada?

Ya sea el tabaco, la conducta sexual, la rebelión o la violencia, la investigación actual llega de manera abrumadora a la misma conclusión: el entretenimiento puede influenciar, y lo hace, pensamientos y acciones.

Su hijo puede ser influenciado o no por los puntos presentados en este capítulo. Si quiere influenciarle usted de modo tan fuerte como lo hacen los medios, recuerde que estos hechos, cifras y anécdotas no son munición en un tiroteo. Son apoyo para una manera de pensar y de actuar que usted querrá fomentar porque quiere a su hijo.

Permita que ese amor guíe sus conversaciones acerca de entretenimiento. Las decisiones sanas en cuanto a los medios son importantes, pero también lo es su relación. Cuanto más alimente usted esa relación, más dispuesto estará su hijo a escuchar.

Lo que yo aprendí de un tirador en una escuela

Hasta donde yo sé, hasta el otoño del año 2000 nunca había estado en la misma habitación con un asesino. Pero en octubre de ese año, me reuní con el tirador escolar Jamie Rouse en el centro correccional South Central fuera de Clifton, Tennessee.

Después de entrar en esas instalaciones protegidas por agudas alambradas, de pasar por varias puertas pesadas de metal y de tener sellado mi permiso para entrar, me dirigieron hacia la enfermería de la prisión. Fue allí donde tuvo lugar nuestra reunión.

Jamie, que entonces tenía 22 años, se sentía incómodo de hacer contacto visual. Aunque estaba esposado, no suponía ninguna amenaza.

Pero ese no fue el caso cinco años antes. El 15 de noviembre de 1995, un Jamie de 17 años de edad entró en la escuela Richland en Lynnville, Tennessee, llevando un rifle de calibre 22 a su lado. Antes de que un maestro se acercase a él, ya había matado a dos personas: un maestro y un estudiante de noveno grado. Un segundo maestro recibió una bala en la cabeza, pero milagrosamente sobrevivió.

Aunque Jamie ahora entiende que estaba tratando diversos problemas personales durante aquellos oscuros días, cuando le pregunté si sus decisiones en cuanto a entretenimiento desempeñaron algún papel, él explicó que los medios tuvieron un enorme impacto.

Pregunta: Sé que tú nunca dirás que el entretenimiento te obligó a hacerlo, pero sin duda sientes que el entretenimiento fue al menos un factor. Dame más detalles.

Jamie: Cuando comencé a escuchar música heavy metal…tenía una letra muy contraria a Jesús, y eso fue lo que me inspiró a tatuarme una cruz invertida [en la frente]. Solo pensaba que estaría bien, y no tenía un fuerte apoyo en la iglesia, ni apoyo en mi casa, en realidad no tenía nada, tenía un gran vacío. Comencé a experimentar con la música y, desgraciadamente, fue el tipo de música equivocado.

P: ¿Cómo te hacía sentir la música?

Jamie: Me hacía sentirme enojado y algunas veces solamente malo, claramente malo.

P: Jamie, tu papá dijo algo anoche sobre que los dos vieron juntos *Natural Born Killers* [Asesinos por naturaleza] quizá un mes, pensaba él, antes del 15 de noviembre. ¿Desempeñó esa película algún papel en tu modo de pensar durante esa época?

Jamie: Esa película me resultó muy entretenida. Hacía que matar se viese bien. Ese es el modo en que yo lo tomé.

P: ¿Qué consejo darías a los muchachos a quienes les encanta el entretenimiento violento: películas de miedo, que escucha música violenta todo el tiempo, juegan juegos de video violentos, y les resulta divertido?

Jamie: [Para ese tiempo] yo pensaba: "Esto no me está afectando, habría que ser débil de mente para permitir que estas cosas te afecten". Y me afectaba todo el tiempo, ayudó a moldear mi modo de pensar... Todas esas canciones y las películas que hacen verse bien a los asesinos; no muestran en las películas lo que eso les hace a las personas y a sus familias. Estar metido en la cárcel para el resto de su vida: no es divertido.

"Slayer" y un asesinato

"Nuestra hija, Elyse Marie [Pahler], que entonces solo tenía 15 años, fue acuchillada aproximadamente 14 veces, ninguna de ellas fatal, y después estrangulada con un cinturón", me explicó su padre, David.

Yo ya estaba familiarizado con muchos de los detalles de este asesinato del 22 de julio de 1995, pero no me di cuenta de que la horrible muerte de Elyse fuese tan prolongada. Sí sabía, sin embargo, que fue engatusada para ir a una arboleda de eucaliptos apartada acerca de su casa en San Luis Obispo por tres muchachos adolescentes; entonces fue violada y asesinada. Quizá este homicidio sin sentido haya tenido el mayor impacto sobre mí personalmente porque tuve la oportunidad de reunirme con los padres de Elyse y entender más claramente su dolor.

Desde entonces, he leído extensas transcripciones de juicios, artículos de periódicos y prácticamente todo aquello en lo que podía poner mis manos con respecto a lo que sucedió. Y he llegado a esta conclusión: aunque se han estado produciendo asesinatos desde que Caín mató a Abel, este en particular, creo yo, es más probable que no hubiera sucedido si cierto grupo de rock no hubiera hecho parecer el asesinato tan racional y emocionante; y a las jóvenes parecer sin valor alguno.

¿De dónde sacaron aquellos muchachos la idea de cometer tales actos sin escrúpulos? "Ellos seguían al grupo [de rock] Slayer y lo sacaron de los mensajes destructivos de muerte de la música heavy metal", respondió David. "Las letras obviamente tuvieron un poderoso efecto".

Las canciones de Slayer normalmente tienen títulos como "Derrama la sangre", "Necrofilíaco" y "Mata otra vez". Consideremos cómo estas letras de "Sexo. Asesinato. Arte" del CD *Divine Intervention* del grupo podrían posiblemente implantar pensamientos suicidas en algunos fans inestables:

No eres nada, un objeto de animación…
Golpeada hasta la sumisión, violada una y otra vez,
    encadenada,
Mi princesa…
Sangrando, de rodillas, mi satisfacción es lo que necesito…
Placer en infligir dolor…
Dios está muerto, yo estoy vivo.

Aunque apenas excusan la conducta, esto puede ayudar a explicar de dónde sacaron su idea los asesinos de Elyse (Joseph Fiorella, 15; Jacob W. Dalashmutt, 16; y Royce E. Cayse, 17) sobre qué hacer y cómo hacerlo.

La influencia de Slayer se había manifestado anteriormente cuando este trío decidió formar un grupo de rock llamado Hatred, que proclamaba sus propios mensajes oscuros y parecidos a los de Slayer. Los tres adoptaron también el estilo de vida de Slayer.

La influencia de Slayer parece que alimentó también un oscuro interés espiritual: un compromiso a servir al diablo. Después del asesinato, Cayse escribió en su diario: "Hice el cambio anoche. [Satanás] ha tomado mi alma y la ha reemplazado por una nueva para llevar a cabo su trabajo en la tierra…Ahora estoy aliado con las almas oscurecidas". En una confesión a uno de los principales investigadores, Casey explicó que él y sus compañeros de banda eligieron a Elyse simplemente porque tenía cabello rubio, ojos azules, y se sabía que era virgen: cualidades que ellos creían necesarias "para ser un sacrificio perfecto al diablo".

Los muchachos estaban convencidos de que cuando asesinaran a Elyse, el diablo les recompensaría con un "billete al infierno", "poder y [éxito para]...ser profesionales", y la capacidad de "mejorar con la guitarra".

Haga un favor a su hijo

Después de escuchar a algunos conferencistas o leer sus libros, uno podría obtener la impresión de que tener discernimiento en cuanto a los medios es algo negativo, incluso cruel, que debe hacerles a sus hijos. Todo se trata de límites, advertencias y evitar cosas diciendo: "No".

Lo cierto es que tomar sanas decisiones en cuanto al entretenimiento es un ejercicio positivo con resultados positivos. Cuando usted enseña a sus hijos a consumir entretenimiento de manera sabia, puede que los restrinja en algunos aspectos, pero amplía sus horizontes en otros. Los ayuda a desarrollar capacidades de pensamiento crítico que pueden evitar que caigan en engaños y promesas vacías. Usted aumenta el flujo de mensajes alentadores que edifican su confianza y les alejan de la desesperanza.

Ayudar a los jóvenes a ejercitar sus "músculos de medios de comunicación" es finalmente para beneficio de ellos. No es para evitar que usted se sienta avergonzado cuando otros padres en la iglesia descubran lo que su hijo escucha. No es para evitar responder preguntas incómodas acerca de lo que la pareja en la pantalla estaba haciendo en su dormitorio. Y no es una oportunidad de ser "un maniático del control".

Realmente es, como dice el dicho: "para los niños".

Sus hijos necesitan saber eso. Necesitan oír que obtendrán mucho más de lo que perderán cuando su familia adopte un enfoque inteligente y que honre a Dios en cuanto a cine, canciones y páginas web. Cuando ellos entiendan eso, habrá menos probabilidad de que reaccionen como si usted hubiera puesto pulseras de supervisión electrónica en sus tobillos.

El discernimiento en cuanto a los medios tiene muchas recompensas; en este capítulo veremos solamente cuatro.

Recompensa 1: Encontrar tiempo para explorar el mundo real

Solamente la cantidad de tiempo que los jóvenes emplean en entretenimiento y tecnología es sorprendente. Por ejemplo, el adolescente estadounidense promedio envía o recibe 2.899 mensajes de texto cada mes (comparado con 191 llamadas), y ve 31 películas al año.[1] *Un informe Nielsen en 2009 descubrió que los mismos adolescentes ven tres horas y veinte minutos de televisión cada día.*[2]

Pero eso no es todo. Según un estudio Kaiser de 2010 a 2.002 muchachos de edades entre los ocho y los dieciocho años, cuando sumamos el tiempo empleado en toda forma de entretenimiento y consumo relacionado con la tecnología, el joven típico alcanza unas sorprendentes siete horas y 38 minutos cada día; lejos de las seis horas y 19 minutos de una década antes.[3] En otras palabras, el niño estadounidense promedio en este grupo de edad "trabaja" el equivalente a un empleo a jornada completa cuando se trata de cine, ver DVD y la televisión, escuchar música, pasar tiempo en YouTube o proveedores de video en línea semejantes, mensajes de texto, juegos electrónicos, navegar por la internet y redes sociales.

El problema no es solamente *lo que* los jóvenes ven y escuchan. También es lo que se están perdiendo mientras ven y escuchan *tanto*. El mismo estudio Kaiser descubrió que el niño estadounidense promedio pasa 30 horas en la escuela cada semana y aproximadamente 15 horas con sus padres.[4] Eso significa que cuando se trata de formar a los jóvenes, los medios de comunicación obtienen unas 40 horas por semana; la escuela, 30 horas; los padres, 15 horas. ¿Alguna pregunta sobre quién puede estar teniendo el mayor impacto?

Incluso los niños de edades entre dos y cinco años emplean 32 horas por semana estacionados delante del televisor, según otro estudio, mientras que los de edades comprendidas entre 6 y 11 años ven 28 horas.[5] Dos tercios de los niños viven en hogares donde la televisión *no* está apagada durante las comidas.[6] Y Associated Press informa que las familias que envían a los niños de preescolar a centros de cuidado en hogares puede que vean *otras* dos horas al día de televisión, un aspecto que en su mayor parte los investigadores pasan por alto.[7]

Los observadores preocupados han estado advirtiendo por años de que nuestra sociedad "de alta tecnología y bajo toque" está produciendo niños que saben navegar por las redes sociales y enviar mensajes de texto, pero no saben cómo relacionarse en persona. Ahora están hablando de un nuevo mal: trastorno de déficit de naturaleza. El autor Richard Louv establece el caso en su libro *Last Child in the Woods* [El último niño en el bosque]:

Una tarde cuando mis hijos eran más pequeños, Matthew, que entonces tenía diez años, me miró desde el otro lado de una mesa de un restaurante y me dijo bastante serio: "Papá, ¿cómo es que era más divertido cuando tú eras niño?".

Le pregunté a qué se refería.

"Bueno, siempre hablas de tu bosque y de casas en los árboles, y de cómo solías montar ese caballo cerca del pantano".

Al principio, pensé que estaba irritado conmigo. De hecho, yo le había estado diciendo lo que era utilizar cuerda y trozos de plomo para cazar cangrejos de río en un arroyo, algo que sería difícil encontrar a un niño haciendo en estos tiempos. Como muchos padres, tiendo a idealizar mi propia niñez; y me temo que a descartar con demasiada rapidez las experiencias de juegos y aventuras de mis hijos. Pero mi hijo lo decía en serio; sentía que se había perdido algo importante.

Él tenía razón. Los estadounidenses de mi edad, *baby boomers* o mayores, disfrutaban de un tipo de juego libre y natural que parece, en la era de los niños de la electrónica, los mensajes instantáneos y la Nintendo, un curioso artefacto...

No hace tanto tiempo, el campamento de verano era un lugar donde uno acampaba, recorría los bosques, aprendía sobre plantas y animales, o relataba historias de fantasmas o leones de montaña a la luz de una fogata. No con tanta probabilidad hoy, un "campamento de verano" es un campamento para perder peso o un campamento por computadora. Para una nueva generación, la naturaleza es más abstracción que realidad. Cada vez más, la naturaleza es algo a observar, consumir, vestir: a ignorar. Un reciente anuncio en televisión representa un vehículo SUV con tracción en las cuatro ruedas recorriendo un arroyo montañoso increíblemente hermoso, mientras que en el asiento trasero dos niños ven una película en una pantalla de video, inconscientes del paisaje y el agua que quedan detrás de la ventanilla.[8]

¿Pasan sus hijos demasiado tiempo en YouTube, Facebook, el Ipod y el Blue-ray que se están perdiendo la vida real? Cuando ven una puesta de sol, ¿piensan que es un salvapantallas gigantesco? ¿Prefieren jugadores en línea anónimos antes que niños de carne y hueso en la escuela y en la iglesia?

Ayudar a su familia a llegar a ser más sabios en cuanto a los medios es su oportunidad de ampliar los horizontes de sus hijos. Limitar el tiempo empleado en el ámbito digital libera tiempo para tocar, oler y gustar, para correr, saltar y construir, y para mirarse a los ojos los unos a los otros. Ese es el mensaje que los autores Stan Campbell y Randy Southern, que hablan a los niños directamente en su libro *Mind over Media* [La mente sobre los medios]:

Emplear unas cuantas horas aquí y allá puede que no parezca gran cosa. Después de todo, eres *joven*. Tienes muchas horas para utilizar. Cada uno de nosotros tiene solamente una cantidad de tiempo para marcar una diferencia en este mundo. Es el tipo de cosas de las que lees en las necrológicas:

El Sr. Ponce trabajó como consejero escolar, era voluntario en varios albergues para los sin techo, y había visto cada episodio de My Mother the Car *al menos cinco veces.*

La Sra. Daniels admitía que su mayor lamento en la vida era no haber alcanzado nunca el nivel cuatro en el juego Ultimate Doom.

El Sr. Janikowski ha fallecido antes que su madre Gladys, su padre, William, y su televisor Sony de 35 pulgadas.

De algún modo, estos tributos no suenan correctamente, ¿verdad?

No tiene que comenzar a escribir ya su propia necrológica. Pero pregúntese si el tiempo que dedica a los medios de comunicación es tiempo que podría emplear en cosas más productivas y significativas. Estamos hablando de desarrollar intereses que le impulsen, agudizar capacidades que le beneficiarán durante toda su vida.

Piense en personas que hayan logrado cosas notables en los últimos 50 años, personas como Michael Jordan, Bill Gates, o su músico favorito. ¿Cuánto tiempo pasaron ellos en un lugar de chat en la internet o delante del televisor? Probablemente no mucho. Quienes sobresalen en cualquier área son los que dedican su tiempo y su energía a estudiar su campo y hacer los sacrificios necesarios para mejorar constantemente.

Después de enumerar logros que los muchachos podrían querer perseguir, desde aprender a hacer malabarismos hasta diseñar una página web para un grupo de jóvenes, los autores ofrecen este consejo:

Si quieres ver algo increíble, escoge una de esas opciones (o inventa la tuya propia). Por tres meses, dedica tu "tiempo de medios" a ello. Si normalmente ves televisión dos horas al día, prueba a hacer malabarismos por dos horas. Si normalmente pasas una hora y media jugando en la computadora, prueba a practicar la guitarra durante ese tiempo.

Al final de los tres meses, te sorprenderá las capacidades que has desarrollado o las relaciones que has establecido. Incluso podrías extrañar a tus viejos amigos de los medios mucho menos de lo que pensabas.

Salmos 119:37 dice: "Aparta mi vista de cosas vanas, dame vida conforme a tu palabra". David no sabía nada de los medios de comunicación actuales cuando escribió eso, pero sí veía el peligro de poner demasiado énfasis en cosas que en realidad no importan.[9]

¿Se resistirán sus hijos si usted les da un mensaje parecido? Podría quedar sorprendido. Es probable que ellos no se sorprendan por la noticia de que podrían pasar su tiempo de manera más constructiva. Estos jóvenes no lo hicieron:

Es muy fácil quedar atascado... Como en un día de lluvia; estás sentado, ves una buena película. Y entonces dices: 'A ver qué más hay...'. Antes de darte cuenta, son las 2:00 de la tarde. Antes de darte cuenta, son las 6:00, y acabas de desperdiciar toda la tarde viendo la televisión. Sucede lo mismo con la internet.

—*Sholé G.*

"Creo que desperdicias tu vida si te quedas sentado en el sofá todo el día a día viendo películas y televisión... me encanta la música... Me siento en mi cuarto y escucho música, pero... no puedo hacer eso todo el día".

—*Nick S.*

"Sinceramente, me gustaría que mis padres hubieran puesto límite a mi uso de la televisión. Ellos en cierta manera lo dejaban a mi elección, y yo veía mucho cuando era niño. Y sin duda debería haber leído más y haber pasado más tiempo haciendo otras cosas, y lamento eso".

—Benjamin C.

"En lugar de pasar tanto tiempo viendo televisión, lee un libro. Investiga algunas cosas…abre el diccionario y amplia tu vocabulario…Pasa tiempo contigo mismo. Pasa tiempo con Dios".

—Xica B.

Dé opiniones a sus hijos. En lugar de solo apagar el televisor y el módem y esperar a oír la queja: "Me aburro", llévelos a museos para niños, al jardín o a un refugio para animales. Es cierto que entretenerlos, ya sea electrónicamente o de otro modo, no es responsabilidad de usted. Pero en especial durante la transición desde el mundo virtual al mundo real, minimizará el conflicto si demuestra que realmente hay caminos que vale la pena recorrer y que no implican píxeles, aplicaciones o lentes 3-D.

Recompensa 2: Menos dolor, más ganancia

Ser un niño en estos tiempos no es ningún picnic. La presión para obtener buenas calificaciones y becas, el rechazo por parte de compañeros más populares, sentimientos por muchachos o muchachas que no les prestan atención, drogas y alcohol, trastornos alimenticios, terrorismo y divorcio, y la dificultad de encontrar un empleo: hay muchas razones para estar deprimido.

Pero ¿por qué un joven que escucharía música, jugaría juegos de video, o vería películas que prometen profundizar esos sentimientos de desesperanza?

Equipar a su hijo para tomar sabias decisiones en cuanto los medios ayuda a prevenir y dar la vuelta a esa espiral descendente. Es sentido común: los niños que se mantienen alejados de la música "oscura" y de juegos y películas orientados al ocultismo o nihilistas, tienen una mejor probabilidad de ver el lado brillante y alejarse de los pequeños y grandes traumas de los años de la preadolescencia y la adolescencia.

Quizá esté pensando: *Mi hijo está en un grupo de jóvenes de la iglesia. No podría estar interesado en esas cosas "oscuras".*

Me gustaría que eso fuese cierto. A juzgar por los adolescentes y preadolescentes "cristianos" con los que hemos hablado y las cartas y los correos electrónicos que hemos recibido, un número importante, al igual que con sus compañeros que no asisten a la iglesia, siguen una dieta continuada de canciones e imágenes llenas de odio y enojo que celebran actividades como estrangular a una novia, atacar a una persona con una sierra, asesinar a un bebé, cometer suicidio, fumar crack y ridiculizar a Jesucristo.

Pero ¿por qué? Dejaré que cuatro adolescentes respondan mediante los mensajes que nos enviaron:

La música [oscura] me habla. Deberían entender que el mundo no es diversión y está lleno de vida, sino que el mundo está lleno de odio, amor, suicidio y asesinato, y nosotros como cristianos no podemos negarlo. Hay que ver la música con una mente abierta y entender que no solo yo, sino millones de adolescentes y niños deprimidos acuden a una música que les entiende.

Resulta que es mi grupo favorito. Creo que en lugar de mirar lo aparente, como las palabrotas, el enojo, etc., deberían intentar escuchar la música y los mensajes [de este grupo]…Ellos han evitado que me suicide un par de veces [sic]. Cuando escucho su música, puedo identificarme con sus problemas y eso me ayuda a seguir adelante con mi vida.

No sé si lo habrán notado alguna vez, pero la vida puede ser muy confusa para algunas personas. Sienten que no tienen ningún lugar donde ir y a nadie a quién acudir. Es así como [mi grupo favorito] ha ayudado a muchos adolescentes en todo el mundo. Por lo menos sé que ellos han salvado mi vida.

Creo que [el cantante de este grupo oscuro] es un buen modelo a seguir…¿Cómo pueden decir que su música es mala?…La música [de este grupo] me ha ayudado realmente algunas veces cuando estaba pensando en el suicidio. Ahora voy a la iglesia y he orado a Dios, y Dios me ayudó. Pero la música fue lo que me hizo sentirme mejor.

Todos hemos sentido las emociones que acompañan a la música. Si es cierto que uno se queda "enganchado a un sentimiento", es crucial que la relación entre música y estados emocionales sea positiva, una que edifique. Si un sentimiento deseable está unido a una música que contiene mensajes violentos, perversos o nihilistas, cuando su hijo recurra a la música *por el sentimiento*, él o ella también serán bombardeados repetidamente con minas terrestres de audio.

Puede que recuerde ahora, en mi entrevista con el neurólogo, el Dr. Richard G. Pellegrino, que él expresó de modo elocuente lo poderosa que puede ser una simple canción. Considere este punto de vista adicional de él: "Uno puede introducir mensajes, y si usted introduce los mensajes *equivocados*, ellos adoptan un poder particular mayor de lo que el oyente entiende". ¿A qué "poder particular" se refería? ¿El poder de edificar? ¡Claro que no! Estaba hablando del poder de la música para afectar la vida de manera negativa.

¿Qué tipo de música escucha el joven cuando está feliz? ¿Cuando está triste? ¿Cuando está enojado? ¿Cuando está confundido? A la luz de la relación entre emociones, endorfinas, estado de ánimo, aprendizaje y conducta, es crítico que nuestros jóvenes sintonicen con lo que eleva el corazón y el alma, o que sea al menos líricamente neutral. El estilo que ellos escojan puede cambiar según el estado de ánimo, pero debe alentarlos a que sean especialmente cautos con los mensajes negativos de los medios cuando se estén sintiendo rechazados, traicionados, heridos o solos.

Tener en mente el mandamiento de Proverbios 4:23 de guardar nuestro corazón sobre todas las cosas es un poco más solicitado cuando están implicadas nuestras emociones. Al ayudar a sus hijos a entender que tienen incluso más probabilidad de ser influenciados por el entretenimiento si participan sus emociones, usted les equipa para proteger su corazón al rechazar mensajes de los medios que pueden dañar el espíritu.

Aunque hay otros factores que pueden conducir a un joven a dirigirse hacia el entretenimiento oscuro (rebelión, disfunción familiar, rechazo, presión de los iguales, falta de odio por la maldad), el correo y los correos electrónicos que hemos recibido indican que el denominador más común es el "factor dolor". Nadie, ya sea adolescente o adulto, cristiano o no, quiere sufrir, y especialmente a solas. Para adolescentes que sientan que no les importan a nadie, un CD de rock que comunique odio sirve como purificación interior y un medio de identificarse con alguien que parece capaz de entender. Aunque no elimina el dolor, testimonios como los que acabo de citar dicen que sirve para liberar en cierto modo la angustia.

Pero ¿hay una mejor respuesta? Si su hijo está tratando el factor dolor, o pudiera hacerlo algún día, es importante saberlo.

Muchos adolescentes que tratan el dolor pueden recibir ayuda al entender el hecho de que el rechazo, el dolor y la inquietud son experiencias negativas que comparten en común con Jesús mismo. El profeta Isaías (53:3) nos dice que Jesús fue "Despreciado y rechazado por los hombres, varón de dolores, hecho para el sufrimiento".

Incluso los adolescentes cristianos no necesariamente saben esto. Algunos creen que Jesús es un ser intocable y cósmico de fuerza que está alejado y al que no pueden molestar con sus problemas. Los medios no ayudan, retratando con frecuencia a Jesús, en la serie de televisión *South Park*, por ejemplo, como afeminado, débil o con un problema de enojo. Si su hijo adolescente "conoce" al Jesús equivocado, su reto es construir un puente hacia la verdad. Señale que nadie puede identificarse con el sufrimiento más profundamente que Aquel que fue golpeado, burlado, escupido, crucificado, y se hizo pecado por nosotros (2 Corintios 5:21). Él es Aquel que nos dice: "Echen todas sus preocupaciones sobre mí, porque yo cuido de ustedes".

Para el adolescente que siente que no vale la pena vivir, la revelación de que puede que tenga al Jesús equivocado puede ser un puente a la libertad espiritual. En lugar de recorrer pesadamente la vida sin dirección, los jóvenes pueden identificarse con el Jesús que quiere ser su mejor Amigo, que puede manejar las dificultades que ellos afrontan, y abrir la puerta al verdadero gozo y propósito.

Entonces, ¿se desvanecen los problemas? Claro que no. Pero los jóvenes con propósito obtiene esperanza, algo que falta en aquellos que viven en el profundo pozo del dolor. Ningún joven consternado quiere quedarse en un mundo oscuro y lúgubre. Sin alguien que le señale a la Luz, compartir la oscuridad parece ser la única manera de experimentar cierto alivio.

Una joven enojada que conoce demasiado bien el factor dolor me escribió para protestar sobre nuestra postura sobre las letras destructivas. Sus palabras finales fueron: "Usted, amigo, se pudrirá en el infierno por eso". El lugar de ofenderme, me di cuenta de que su animosidad realmente no estaba dirigida a mí. Ella simplemente estaba herida. Yo le respondí, haciéndole saber que Jesús realmente se interesaba por ella. Su respuesta no fue menos que notable, al explicar que había recibido abusos y había perdido a su padre, y finalmente su fe. Sus palabras finales reflejaban un importante cambio en su corazón, deseándome "lo mejor en su vida y en su fe".

¿Cómo pasó ella de esperar que yo me "pudriera en el infierno" a querer lo mejor para mí? Sucedió cuando ella sintió un rayo de esperanza.

Eso no es lo mismo que decir, desde luego, que todo joven que esté deprimido solamente necesita una lección teológica, una lista de canciones más alegres o una nota alentadora. No dude en consultar con un consejero profesional de inmediato si su hijo muestra señales de grave depresión o tendencias suicidas.

Pero en casos menos extremos, y cuando la prevención será su principal interés, considere el papel de los medios de comunicación. Bob Steele lo ha hecho; lo entrevisté después de que su hijo adolescente, Bobby, se suicidase en 1994 después del suicidio del cantante del grupo Nirvana, Kurt Cobain. Le pregunté a Bob: "¿Qué les diría a los padres actualmente que han pasado por lo que usted ha pasado?".

Él respondió: "Lo único que puedo decir es que tomen en serio el entretenimiento. Porque yo no lo hice. No tenía ni idea de que la música pudiera influenciar a las personas para hacer algo como el suicidio…Los jóvenes son curiosos. Tienen mentes curiosas que quieren saberlo todo. Y si alguna vez llega un día en sus vidas que es muy oscuro y deprimente, esta música puede decirles exactamente lo que *no* necesitan escuchar".

Si sus hijos no tienen ningún interés en el entretenimiento oscuro, cuente sus bendiciones (y ore por sus amigos). Sin embargo, si son como los jóvenes que nos escribieron, su primer reto será llegar a la raíz de su dolor. ¿Rechazo? ¿Aislamiento? ¿Peleas por un divorcio? Haga las preguntas difíciles. Investigue. Escuche. Enseñar discernimiento en cuanto a los medios, por importante que es, está en un distante segundo lugar después de asegurarse de que su hijo adolescente tenga una verdadera razón para vivir (Juan 10:10).

Recompensa 3: Una perspectiva sana de la sexualidad

¿Cuál es el caso de mantener alejados a los jóvenes de las insinuaciones sexuales en televisión, la desnudez en las películas y la pornografía en línea? No es para evitar que crezcan, sino para ayudarles a desarrollar una perspectiva completa y bíblica de la sexualidad y evitar las trampas de las adicciones sexuales.

Eso no es fácil hacerlo en estos tiempos. Cuando los medios ensalzan ciertos estilos de vida, algunos jóvenes muerden: el anzuelo, el hilo y la plomada. Una joven de 22 años explicaba que el programa de televisión *Sex in the City* le había influenciado. "Cuando eres adolescente, intentas emular a personas en la televisión. Carrie fumaba, así que yo fumaba. Samantha no consideraba gran cosa acostarse con personas al azar, y eso es lo que yo también hacía".[11] Ahora, al entender que la perspectiva de *Sex in the City* es una ilusión, esta joven lamenta sus decisiones.

De modo parecido, la actriz Lindsay Lohan confesó que permitía que la cultura de los tabloides se convirtiera en una de sus principales fuentes de información e inspiración. "Yo miraba a esas muchachas...las Britney y otras. Y decía: 'Quiero ser así'". Ahora reconoce que era "realmente miedoso y triste". Y ella "admitía cosas que he hecho, como, ya sabes, juguetear con ciertas cosas y probar cosas porque era joven y curiosa, y pensaba que estaba bien, porque otras personas lo hacían y otras personas me lo ponían delante. Y veo lo que sucedió en mi vida debido a ello".[12]

Me recordó lo poderosamente que el entretenimiento puede moldear pensamientos y deseos sexuales cuando, en un reciente correo electrónico, J.E. compartió su historia:

Como joven, caí en un estilo de vida de lujuria, no justificado pero fácilmente explicado por el cambio en la cultura. Descubrí que para alimentar mis deseos no tenía que comprarme la revista *Penthouse* o *Playboy*, o frecuentar lugares de maldad [creo que se refería a páginas en la internet], solo necesitaba mirar a la tienda más cercana de renta de videos. Películas de Hollywood y la televisión se convirtieron en mi *Playboy* y *Penthouse*, ya que aprendí que mucho combustible para el fuego de la lujuria puede encontrarse en las películas para público general. Para pasar por alto una larga explicación, Dios en su infinita gracia me salvó de ese estilo de vida de pecado. Una de las verdades que utilizó para romper esas cadenas fue la absoluta necesidad de que cortase todas las fuentes de ese combustible en mi vida. Al principio me encontré en un callejón sin salida. Porque yo quería desesperadamente cortar ese pecado de mi vida, pero en la cultura pop estadounidense me veía inundado precisamente de las cosas que quería evitar.

Sentía que no había manera de poder practicar el mandato de Cristo de vivir en el mundo, pero no ser del mundo. Esta batalla en mi interior me habría conducido a la desesperación si no hubiera sido por la maravillosa Palabra de Dios, y la ayuda de su ministerio.

Me alegra que J.E. esté aparentemente libre de este problema. Él se enfrentó a algo que podría haber sido una lucha de toda la vida simplemente debido a sus preferencias en el entretenimiento. Observemos que se refirió a su necesidad de "romper estas cadenas". Aquellos que se han vuelto adictos a la pornografía, las relaciones sexuales casuales o a otras conductas compulsivas, saben exactamente de lo que él está hablando.

Tratar las adicciones sexuales normalmente significaba recurrir a la ayuda de un consejero con formación. Prevenirlas normalmente implica a un padre o madre que se preocupa, mucha oración y una comunidad de apoyo.

No querrá usted que su hijo se enfrente a una lucha como la de J.E. si puede evitarlo. Querrá que sea un alegre administrador del regalo de Dios de la sexualidad.

Eso no es lo mismo que decir que la batalla contra este tipo de tentación comenzó con la invención del cine, el televisor o de letras vulgares en la música. Los pecados sexuales han existido desde la caída del hombre. Pero la pureza moral se vuelve más difícil cuando nuestros jóvenes batallan *ellos mismos* al consumir entretenimiento con contenido sexual.

Así es como el Rev. Douglas Wilson describió ese autosabotaje en un artículo que publicamos en la revista *Plugged In*:

Muchos cristianos están dispuestos a ver, por medio de una cámara de cine, lo que no soñarían con ver en persona. No se podría conseguir que fuesen a un bar de topless, y aun así van alegremente a ver películas en las que se ve mucho más. ¿Estarían dispuestos la mayoría de hombres cristianos a ser unos mirones, recorriendo el barrio? Claro que no. Pero ¿y si descubrieran a una mujer que conocía su presencia y estuviera dispuesta a desnudarse delante de una ventana? Eso sería *peor*. ¿Y si a ella le pagasen por hacer todo eso? Peor, peor, y aún peor. Pero si a ella se le paga mucho dinero, tiene un productor y director, hace todo eso delante de las cámaras de cine, y tiene a *millones* de hombres mirándola en su ventana?...[Los adolescentes cristianos] no quieren admitir que la actividad sexual y la desnudez en la pantalla es sexualmente excitante para ellos. Pero quienes niegan que tales cosas les afectan sencillamente se engañan a sí mismos.[13]

Muchos padres también se engañan a sí mismos negando que sus hijos pudieran tener interés o acceso al entretenimiento de contenido sexual. Haga una encuesta a un grupo de alumnos de sexto grado alguna vez y prepárese para la sorpresa. Investigadores en Inglaterra descubrieron que el 60 por ciento de los muchachos de menos de 16 años habían sido expuestos a la pornografía, accidentalmente o deliberadamente.[14] Un estudio en Estados Unidos de Crimes Against Children Research Center publicado en 2007 descubrió que el 42 por ciento de los usuarios jóvenes de la internet habían sido expuestos a pornografía en línea solamente el año anterior. Quienes deliberadamente consumen pornografía, ven un promedio de 90 minutos por semana. En menos de diez años, la edad promedio en la cual esos muchachos tuvieron su primer encuentro con la pornografía descendió desde los 15 años de edad hasta los 11. El estudio también descubrió que los muchachos expuestos a la pornografía tienen más probabilidad de participar en el sexo casual, menos probabilidades de considerar el acoso sexual como un problema, y menos probabilidad de establecer relaciones exitosas cuando son más mayores.[15]

Otros padres no parecen pensar que el entretenimiento con contenidos sexuales sea un problema en absoluto. Un hombre en Lakewood, Colorado, fue sentenciado a cuatro años de libertad condicional y 50 horas de servicio comunitario como parte de un acuerdo por haber "contribuido a la delincuencia de un menor". ¿Su delito? Contrató a una bailarina exótica para entretener a los amigos de su hijo: en la fiesta de doce cumpleaños del muchacho.[16]

¿Y si este padre hubiera llevado a los muchachos a ver la misma desnudez (o peor) en el cine? No habría habido ningún clamor, ningún arresto, ninguna sentencia. ¿Fueron los muchachos puestos en riesgo únicamente porque el espectáculo era en vivo, o hay algo inherentemente equivocado en exponer a los niños a la conducta indecente? ¿Podría ser que muchos padres son culpables de una forma de abuso infantil cuando dan luz verde a películas problemáticas para sus hijos?

Uno de los mayores regalos que el Señor nos ha dado es la

intimidad: "Por tanto, dejará el hombre a su padre y a su madre, y se unirá a su mujer, y serán una sola carne" (Génesis 2:24, RVR60). Jesús añadió: "Así que no son ya más dos, sino una sola carne" (Mateo 19:6). Es ese ser uno, esa cercanía, la que usted querrá que sus hijos experimenten algún día dentro del matrimonio. Proteger a sus hijos de entretenimientos que tergiversan la imagen del matrimonio, redundará en mayores beneficios en esa área para toda la vida. Igualmente lo hace hacerles saber que esa es una razón por la que usted se preocupa tanto por lo que ellos ven y escuchan.

Recompensa 4: Ser genuino con Dios

El Señor verdaderamente me ha abierto algunas puertas increíbles a lo largo de los años, y una de ellas ha sido la invitación a hablar a muchas personas acerca de la necesidad de honrar a Dios con las decisiones que tomamos en cuanto a los medios de comunicación. Pero nunca he intentado motivar a mis oyentes a hacer una fogata y quemar sus CD, DVD, videojuegos, antenas parabólicas o módem de computadora. No es que eso no pudiera ser nunca bíblico; después de todo, algunos de los primeros cristianos que habían practicado brujería reunieron todos sus artefactos ocultistas y los quemaron públicamente (Hechos 19:19). Es simplemente que aún no he sentido un fuerte impulso para alentar la parte de la "hoguera".

Pero *he* visto cómo un paso tan drástico ha resultado ser bueno para algunos cristianos. Después de que un colega y yo hablásemos a grupo en particular, un joven al que llamaré J.G. se acercó después para expresar su fuerte desacuerdo con nuestro mensaje. Aproximadamente un año después, me escribió un correo electrónico para decirme que había cambiado de opinión.

Aquí está una prueba viviente de que cristianos que difunden la Palabra de Dios [en este caso el mensaje de un discernimiento piadoso en cuanto a los medios] pueden marcar una diferencia en la vida de alguien. Acaba de pasar el primer aniversario del único evento [cuando usted habló] que ha cambiado permanentemente mi vida…[Aunque inicialmente en desacuerdo con usted, recientemente otros cinco amigos y yo] uno por uno lanzamos nuestros CD con advertencias para los padres y otros que eran igualmente malos al fuego [que ardía dentro de un] bidón. Tres horas y material en CD por un valor de 1,300 dólares después, seis hombres habían quemado los CD que enturbiaban su vida. Un par de meses después fui bautizado junto con mi hermana, y el fuego de Dios está ardiendo con fuerza en mi alma.

Este joven había disfrutado de una fe genuina, pero algo estaba evitando que sus amigos y él hicieran progreso. Las "nubes" espirituales fueron producidas por decisiones musicales que no honraban a Cristo. Cuando ellos destruyeron sus CD, se sintieron libres, ¡probablemente de la misma manera que aquellos creyentes en Hechos se sintieron después de que sus rollos ardieran en llamas!

Algunos podrían comentar que esos adolescentes reaccionaron en exceso. Yo no lo creo. Por una parte, fue necesario la mayor parte de un año para que el Espíritu Santo obrase en ellos. No fue tanto una respuesta emocional a conferencistas en una conferencia; fue más parecido a un combate de lucha de un año de duración.

Si se está preguntando cómo evitar que la formación sobre los medios cause más problemas en su hogar de los que resolvería, tenga en mente a J.G. Podría usted contar a sus hijos su historia. Decir que Jesús se interesa por lo que vemos y oímos no siempre resulta muy bien; no resultó con J.G. tampoco, al menos no al principio. Pero él quería genuinamente vivir para Cristo. Al principio no estaba convencido de que este fuese un cambio que necesitaba hacer, pero el Espíritu Santo le mostró lo contrario a lo largo del tiempo.

Lo más importante que puede usted hacer como padre o madre es presentar a sus hijos a Cristo, seguido por un esfuerzo concertado para ayudarles a entender lo importante que es agradarle a Él. Cuando ellos quieren hacer eso, establecer límites saludables en cuanto a los medios se vuelve más fácil. Se convierte menos en un problema de convencer a su hijo para que adopte sus normas y más en un asunto de mostrar que algunas formas de entretenimiento desagradan al Señor y son un gran desengaño para Él.

Para jóvenes como J.G. y sus amigos, agradar a Cristo es fundamental para quiénes son ellos. Por tanto, si no quiere peleas por asuntos relacionados con el entretenimiento en su hogar, ore para que su hijo joven sea, como el rey David, un hombre (o una mujer) conforme al corazón de Dios.

Quizá esto suena irrealista, esperar demasiado de sus hijos. Estoy convencido, sin embargo, de que el motivo por el cual el entretenimiento es tal campo de batalla en las casas de muchos cristianos es que algunos padres creen que lo máximo que pueden esperar es que su hijo joven sobrevivirá, no se desarrollará, en su compromiso de fe. Estos padres hacen hincapié en lo que yo denomino "control del pecado". Mucho de esto tiene que ver con mantener nuestra imagen, incluso en círculos cristianos. Pero nuestros hijos nunca fueron llamados a ser meros supervivientes. Fueron llamados a ser victoriosos, a prosperar.

Y pueden hacerlo, especialmente cuando su relación con Dios no es ensombrecida por malas decisiones en cuanto a medios de comunicación. Una relación que verdaderamente prospera es una estupenda motivación.

Cuando yo estaba en séptimo grado, mi maestra de ciencias nos asignó un trabajo de 10 páginas sobre la vida animal microscópica. A mí me gustaba mucho esa maestra y quería agradarle. En lugar de hacer la mínima cantidad de trabajo, recopilé 70 páginas de material, ¡suplementadas con dibujos de protozoos! ¿Por qué? Porque quería que esa maestra supiera que yo me interesaba por ella y consideraba su enseñanza relevante e importante.

Creo que lo mismo es cierto con Dios. Un compromiso genuino produce un deseo interior de honrar al Señor con volúmenes de 70 páginas cuando parece que todos los demás están conformándose con el mínimo de 10 páginas. No hacemos esto para ganarnos puntos con nuestro Creador, sino porque su amor por nosotros nos inspira a hacer cosas mayores.

Si aún no está convencido de que jóvenes en el mundo real como el de usted pudieran aceptar la idea de que el discernimiento en cuanto a los medios les ofrece fortaleza espiritual, aquí tiene un correo electrónico que recibimos:

> El año pasado yo escuchaba todo tipo de música mala, incluso música que no me gustaba particularmente, a fin de parecer popular…Me sentía realmente culpable, como un traidor, y sabía que mi relación con Jesucristo iba cuesta abajo. Descarté prácticamente todas mis cintas de rock y comencé a explorar otros tipos de música…Mi relación con el Señor está creciendo de nuevo, y quiero oír todo lo que pueda y que tenga que ver con Jesús.
>
> —E.H.

También me gusta la manera en que mi buen amigo y experto en cultura, Al Menconi, expresó esto en su libro *But It Doesn't Affect Me* [Pero a mí no me afecta]:

La Palabra de Dios no dice que serás un pervertido si ves perversión. Él no dice que estarás deprimido y enojado si escuchas música deprimente y enojada. Dios no dice que matarás a personas si juegas en primera persona a juegos de disparar...La Palabra de Dios dice que si decides entretenerte con filosofías vacías de este mundo (Colosenses 2:8), batallarás con tu fe y tu gozo. ¿Cómo está tu fe en Jesús? ¿Cómo está el gozo de tu salvación?[17]

¿Entienden sus hijos por qué está usted tan interesado en establecer límites sobre el uso que ellos hacen del entretenimiento y la tecnología? ¿Saben que esas cosas pueden estorbarles a medida que ellos intentan correr la carrera espiritual (Hebreos 12:1)? ¿Han visto ellos en su vida los beneficios de quitar obstáculos en su relación con Dios?

Como dice la frase, no les importará lo mucho que usted sabe hasta que sepan lo mucho que a usted le importa. En palabras y acciones, hágales saber que quiere ayudarles a limpiar el camino para una verdadera aventura espiritual, porque usted y Dios les aman más de lo que ellos podrán jamás medir.

El filete y el sonido que hace en la parrilla

Redescubrir el mundo real, desarrollar una perspectiva más positiva, obtener una visión más saludable de la sexualidad y estar más cerca de Dios: estos son solo cuatro beneficios de tomar sabias decisiones en cuanto al entretenimiento. Hay más en el lugar de donde esas cuatro provienen, como aprender a pensar críticamente, hacer más ejercicio, ahorrar dinero y profundizar las amistades.

Expertos en mercadotecnia aconsejan a los creativos que "vendan los beneficios, no las características" de un producto. También dicen: "Vendan el sonido que hace en la parrilla, y no el filete". En otras palabras, a la mayoría de personas no les importa mucho si el paraguas tiene una diferencia de tamaño de dos centímetros; quieren uno que evite que la lluvia les caiga en la cabeza y que no les haga verse necios cuando lo abren y lo llevan a su lado. De la misma manera, nuestros hijos puede que necesiten oír menos palabras sobre el límite de 30 minutos diarios para jugar a videojuegos y más testimonio acerca de las alegrías de no tener calambres en las piernas por estar sentado en la misma posición durante toda la tarde.

No estoy sugiriendo que tomemos la página equivocada de la industria de la publicidad y exageremos los beneficios del discernimiento en cuanto a los medios. Pero si queremos tener menos peleas al escoger el entretenimiento familiar, podría valer la pena el que lo mencionemos de vez en cuando.

Una charla con el Dr. Ben Carson

El Dr. Ben Carson ha trabajado como director de neurocirugía pediátrica en el Johns Hopkins Children's Center durante casi tres décadas. Recibió la atención nacional en 1987 por separar a gemelos unidos por la cabeza. La fe y la fuerte ética de trabajo del Dr. Carson les inspiraron a él y a su esposa, Candy, a crear la fundación sin ánimo de lucro Carson Scholarship Fund (para más información, visite carsonscholars.org).

P: Usted ha expresado preocupación sobre el modo en que algunos medios afectan al aprendizaje.

Dr. Carson: Piense en la cultura en la cual vivimos. En cuanto un bebé es capaz de sentarse, le ponemos delante del televisor. Cuando crece y tiene un poco de coordinación y destreza entre ojo y mano, le damos un control para que pueda jugar juegos de computadora...¡zoom, zoom, zoom! Eso es lo único que ve todo el tiempo: movimiento rápido. Entonces, a los cinco o seis años, le ponemos en un salón de clase, y hay un maestro delante que no enciende algo cada pocos segundos. ¿Y esperamos que preste atención? Eso no va a suceder.

P: ¿Ha contribuido eso a la oleada de niños a quienes se diagnostica trastorno de déficit de atención?

Dr. Carson: Muy a menudo, cuando los niños llegan a mi clínica, tienen cierto tipo de problema neurológico. Pero sus padres me dicen que también toman este medicamento y ese otro medicamento para el trastorno de déficit de atención. Yo les hago una pregunta: "¿Puede jugar a juegos de video?".

Ellos dicen: "¡Ah, sí! Durante horas y horas, ¡sin problema!".

Yo digo: "Entonces no lo padecen. Eso es pseudo TDA. Lo que tienen que hacer es ir eliminando esas cosas y sustituirlas por tiempo de calidad con ustedes, cosas como leer y dialogar".

Cuando hacen eso, regresan y dicen: "¡Un cambio dramático!".

P: Su generación no creció con juegos de video, pero la televisión fue sin duda una gran influencia. ¿Cómo se manejaba eso en su hogar?

Dr. Carson: Yo fui muy mal estudiante, y a mi hermano tampoco le iba bien. Mi madre no sabía qué hacer, pero trabajaba limpiando las casas de otras personas y observó que en los hogares de las personas acomodadas, no veían mucha televisión. Pasaban mucho tiempo leyendo. Por tanto, después de orar por sabiduría, dijo: "¡Creo que eso es lo que haremos en nuestra casa!". Solo podíamos ver dos o tres programas seleccionados de antemano, y en todo ese tiempo libre teníamos que leer libros de las bibliotecas públicas de Detroit y escribir comentarios de esos libros.

P: ¿Cómo respondió usted a eso?

Dr. Carson: No me gustaba mucho al principio, pero poco después reconocí que, aunque éramos desesperadamente pobres, entre las tapas de aquellos libros yo podía ir a cualquier lugar. Podía ser cualquier persona. Podía hacer cualquier cosa. Utilizando mi imaginación, podía verme a mí mismo en un laboratorio, realizando experimentos. Mi visión de lo que iba a ser mi futuro fue cambiada, ¡y comencé a entender que la persona que tiene más que ver con lo que le sucede es esa misma persona! Es como llevar a un jugador de béisbol de las ligas menores que mira al montículo y ve a Roger Clemens. Y dice: "Oh, no, ¡Roger Clemens! Tiene un lanzamiento a 90 millas por hora. ¡Ha ganado a más personas que nadie!". Bien, con esa actitud, probablemente usted no va a golpear una sola bola. Otro novato pasa a ese lugar, con el mismo talento, y dice: "Clemens es un hombre mayor. Yo voy a golpear esta bola con todas mis fuerzas". La actitud marca toda la diferencia en términos del modo en que uno afronta las cosas. Y eso es lo que comenzó a cambiar en mí mientras leía. Leer también me enseñó ortografía, gramática y sintaxis, lo cual ayuda no solo en la escritura sino también en la comunicación verbal.

P: [Como afroamericano], ¿está usted preocupado en cuanto a los mensajes culturales que son enviados a los hombres afroamericanos?

Dr. Carson: Si puede conseguir que la mayoría de varones jóvenes de raza negra vayan corriendo por ahí y pensando que va a ser el siguiente Michael Jordan, un popular cantante de rap o algún pandillero fabulosamente rico, eso es realmente tan eficaz como poner un grillete en su tobillo y clavar un poste en el suelo en términos de éxito a largo plazo. En realidad lo es. Por eso mi esposa y yo comenzamos nuestro programa de becas y por eso creamos salas de lectura que recompensan a los jóvenes por descubrir libros. Yo era un chico problemático. Yo era un compañero negativo. Pero cuando di la vuelta a todo eso y entendí el modo en que la lectura podía capacitarme, eso cambió todo mi carácter.

segunda parte

Establecer reglas sin hacerse enemigos

Comienza en el corazón

Cuando se trata de alentar el discernimiento familiar en cuanto a los medios, rara vez funciona comenzar con reglas. Si a sus hijos no les importa lo que Dios quiere, pedirles que se adhieran a las normas de Él es fútil. Lo máximo que obtendrá es una conformidad externa, y probablemente con resentimiento; lo peor que obtendrá es conflicto constante. Por eso es tan importante entender dónde están sus hijos espiritualmente hablando.

Hace algunos años yo poseía un Datsun de 1982 que comenzó a hacer un ruido irritante. Lo llevé a que lo revisaran; y supe que tenía problemas cuando el mecánico llamó unas horas después para preguntarme si estaba sentado. Su cálculo: 802 dólares.

En este caso, el costo el vehículo sobrepasabas su valor. Más directamente al punto, el ruido irritante que yo suponía que requeriría solamente un ajuste rápido era sintomático de la necesidad de un arreglo importante.

Nuestros hijos emiten "ruidos" ocasionales que indican la necesidad de hacer ajustes espirituales. Si somos sensibles a ellos, estos problemas pueden manejarse con bastante rapidez al mínimo coste. Una palabra de aliento, un abrazo o una oración puede ser todo lo necesario para hacer que un joven cambie y regrese a primera marcha. Pero a veces, esos indicadores son tan ominosos como la temible luz del aceite. Uno de esos indicadores espirituales implica el entretenimiento.

¿Momento para una puesta a punto?

No hace mucho me pidieron que diera un mensaje en una capilla sobre honrar a Cristo con las decisiones en cuanto a entretenimiento a un grupo de estudiantes cristianos en Minnesota. Antes de que yo llegara, la administración hizo una encuesta a los grados 6-12; entre otras cosas, preguntaron a los muchachos ejemplos de entretenimiento inadecuado. Un alto porcentaje de los estudiantes dijeron cosas que indicaban problemas subyacentes. A continuación están algunos de los "ruidos" que yo oí (tomados directamente de las respuestas a la encuesta):

"Nada es totalmente inadecuado".

"No se decide".

"NADA".

"Nada creado para el entretenimiento es demasiado inadecuado. Todo es divertido".

"Absolutamente nada".

Cuando se preguntó a los jóvenes cómo saber si está bien que un cristiano escuche una canción, vea un programa de televisión o una película, o juegue a un videojuego, sus comentarios incluyeron los siguientes:

"No hay manera [de saberlo]. Cualquiera puede escuchar lo que quiera".

"Me encanta todo tipo de música, desde Bach hasta Slipknot. No te afecta si no lo permites".

"Yo veo y escucho lo que me parece atractivo…A mi mamá en realidad no le importa".

"Es solo entretenimiento. Cada uno debería ser capaz de decidir. Todo está bien".

"Me he acostumbrado tanto [al entretenimiento] que no mucho me perturba ya. Pero sé que sí me afecta mucho".

A riesgo de parecer duro, tengo que decir que esos adolescentes cristianos necesitan un afinamiento. Sus sistemas de valores están haciendo aguas. Acaba usted de oír los golpes y sonidos de las filosofías vacías y engañosas de este mundo (Colosenses 2:8).

Con mi viejo vehículo, decidí que la mejor opción era cambiarlo. Pero no podemos cambiar a nuestros hijos (¡aunque puede que haya días en que nos gustaría hacerlo!). Trabajamos para ajustarles independientemente de lo que sea necesario y sin importar cuál sea el costo.

Esto es especialmente cierto cuando se trata de su salud espiritual. Aunque yo soy apasionado en cuanto a ayudar a las familias a llegar a ser más sabias con respecto a los medios, lo hago debido a un propósito mayor. Creo que la decisión más importante que tomaremos es si aceptamos a Jesucristo como nuestro Salvador, y no si vivimos una vida libre de las dañinas influencias de los medios. Se trata de amar a Aquel que entregó su vida por nosotros. Yo no quiero que nada estropee esta relación, y a veces nuestras decisiones en cuanto a los medios lo hacen.

Si nuestros hijos afirman un compromiso con Cristo y a la vez se niegan a obedecerle, sus dietas de entretenimiento pueden tener la misma función que tiene la luz del aceite de un vehículo o un indicador de temperatura. Señala un problema subyacente, un problema que necesita atención.

Por tanto, ¿qué podemos hacer como padres? Me gustaría alentarle a programar el siguiente "mantenimiento":

1. *Una inspección espiritual.* Pablo escribe: "Examínense para ver si están en la fe; pruébense a sí mismos" (2 Corintios 13:5). ¿Cómo podemos descubrir si nuestros hijos están viviendo vidas de fe radicales y vibrantes?

Podemos comenzar con las preguntas de la encuesta mencionada anteriormente a los estudiantes de Minnesota; o las que están al final del capítulo 6 de este libro. Entonces podemos ser más directos al preguntar sobre su vida espiritual y su relación con Jesús:

"¿Cómo sientes que te va espiritualmente hablando?".

"¿Crees que has crecido este pasado año como cristiano? ¿Por qué sí o por qué no?".

"¿Qué crees que sería necesario para acercarte a Cristo el año próximo?".

Si oye usted un ruido o dos sobre el entretenimiento, como: "Estoy cansado de la música cristiana", "Si no me mantengo al día con ese programa, no tendré nada de qué hablar con los demás", "Oír ese tipo de mensaje no afecta a las palabras que yo uso", profundice aún más para descubrir si necesita realizar un ajuste pequeño o uno grande.

2. *Una puesta a punto espiritual.* Hay muchas maneras de crecer y desarrollarse en Cristo. Además de la oración, la comunión y el estudio de la Biblia, yo soy partidario de dos cosas: campamentos de verano y viajes misioneros. Como padre y expastor de jóvenes, he aprendido el valor de un programa espiritualmente fuerte en un campamento. Y mi esposa y yo ahorramos suficiente dinero para llevar a nuestra familia a un viaje misionero a Sudamérica.

Eventos como esos pueden infundir nueva vida a la fe de los miembros de su familia. Igualmente puede hacerlo asistir juntos a un festival de música cristiana, ir a un seminario sobre apologética o participar en un programa de mentoría.

Sí, es una batalla criar a nuestros hijos para que amen al Señor con todo su corazón, su mente y sus fuerzas. Pero creo que nosotros *y* nuestros hijos obtendremos una cosecha si no desmayamos. Nuestros hijos pueden aceptar personalmente los principios, y no solo hablar de boca para afuera de los nuestros.

Estamos en una batalla por los corazones y las mentes de nuestros hijos. Parece que somos superados en armas, en personas y en gastos. Pero el Dios que puede vencer a un ejército con los 300 de Gedeón y tumbar a un gigante con la honda de un muchacho puede utilizar nuestros esfuerzos para proteger a nuestras familias y su relación con Dios.

Si se ha visto tentado a tirar la toalla en cuanto esto de los medios, no lo haga. Aunque no hay garantías, es posible criar hijos que entiendan el concepto del discernimiento, incluso a una temprana edad. Lo que es más importante, es posible criar hijos que amen a Dios apasionadamente, y que desarrollen una preocupación sobre sus decisiones en cuanto a entretenimiento como resultado de esa pasión.

Ayudarles a guardar sus corazones

Proteger la relación que nuestros hijos tienen con Dios no es un evento de una sola vez, desde luego. Se necesita un esfuerzo continuado y confianza en el Señor.

Por tanto, ¿cómo se ha visto en nuestra familia ese tipo de "mantenimiento"?

Cuando comencé a trabajar en Enfoque a la Familia en 1991, nuestros dos hijos tenían cuatro y un año de edad. Con hijos tan pequeños, no podía evitar preguntarme si debería estar intentando dar consejos sobre crianza. Después de todo, una cosa es hablar sobre esto cuando se tienen niños pequeños, pero yo sabía que algunos pensaban: "¡Solo espere a tener adolescentes!".

Estoy contento de poder decir que mientras escribo este libro, tengo una hija casada que está sirviendo en el ministerio y un hijo que es un líder en su grupo de comunión en su universidad. No menciono esto como una manera figurada de presumir. Aún entiendo lo obvio: las cosas pueden cambiar más adelante, Dios nos ha dado libre albedrío, y las personas sí toman decisiones poco sabias.

Pero también sé que los padres necesitan una razón para estar esperanzados. Y sé por experiencia que vigilar a los hijos espiritualmente, en el área del discernimiento en cuanto a los medios y también en otras, realmente puede lograrse.

Desde temprano, mi esposa y yo comenzamos a apoyarnos en Proverbios 22:6: "Instruye al niño en el camino correcto, y aun en su vejez no lo abandonará". Seguíamos siendo conscientes de que Adán y Eva criaron a un joven que asesinó a su hermano, y que el hijo pródigo abandonó un hogar dirigido por un padre amoroso. Nos aferramos al principio bíblico de que nuestros hijos tendrían muchas más *probabilidades* de no tomar el camino incorrecto si recibían enseñanza sólida como la roca y con base bíblica.

Comenzamos a educar a nuestros hijos en varias capacidades para la vida, incluyendo honrar a Cristo en las decisiones sobre entretenimiento. No éramos padres perfectos, pero hubo algunas cosas que hicimos y que creo que ayudaron a nuestros hijos a aprender a discernir.

En primer lugar, resistimos el impulso de cuidar a nuestros hijos pequeños con videos. No estoy diciendo que eso *nunca* sucedió, sino que no era un hábito. Cuando sí permitíamos a nuestros hijos ver videos, utilizábamos productos cristianos de alta calidad (*Adventures in Odyssey, Veggie Tales*, etc.) casi exclusivamente. Además, prestábamos atención al tiempo que pasaban viéndolos.

Más importante, intentamos ser ejemplo del concepto de tomar sabias decisiones sobre entretenimiento y hablábamos mucho de ello en la conversación diaria *de manera natural*. ¿Qué quiero decir con "de manera natural"? Aunque creo en buscar oportunidades para enseñar principios sobre los medios, algunas cosas en la vida sencillamente constituyen momentos perfectos de enseñanza sin tener que ser intencionales. Busque también esos momentos.

Por ejemplo, durante unas vacaciones familiares hace años, en la ciudad donde estábamos cayó mucha lluvia. Debido a que nuestros planes de salir al exterior tuvieron que ser cancelados, decidimos ir a ver una película. Esto fue antes de que los teléfonos celulares tuvieran acceso a la internet, así que compré un periódico local y busqué en los anuncios para encontrar algo adecuado para la familia. Pero no pude encontrar ni una sola película que pareciera inspiradora.

Supongo que muchas personas habrían buscado el menor de los males y habrían ido de todos modos. Yo pensaba que eso no enviaría el mensaje correcto a nuestros hijos, ¡quienes estaban observándome para ver lo que yo decidiría! No tuve que verbalizar nada para enseñar esta lección. Mis hijos lo entendieron claramente porque vieron que se produjo delante de ellos cuando también decidimos no ir al cine.

Mi esposa y yo también resistimos el impulso de ser legalistas (por ejemplo: "¡Nada de música secular en nuestra casa!"). Proporcionamos alternativas positivas a la basura, incluso si eran más caras.

Finalmente, alentamos a nuestros hijos a leer sobre discernimiento con respecto a los medios. Como podría imaginar, la revista *Plugged In* (entonces impresa; ahora en línea) era un visitante frecuente en nuestro hogar cuando nuestros hijos estaban creciendo. Yo observaba a mis hijos digerir la información y los principios que había en sus páginas, y actualmente la página web pluggedin.com puede cumplir esa misma función. Sugeriría encontrar artículos útiles en la página, imprimirlos y dejarlos por ahí. Sencillamente hay algo en el entretenimiento que a los jóvenes, y al resto de nosotros, les resulta fascinante.

¿Odia las serpientes?

Hay otro aspecto del discernimiento en cuanto a los medios que comienza en el corazón: aborrecer lo que Dios aborrece.

Sí, ha leído correctamente. Sin duda, los cristianos son principalmente llamados a *amar*. Pero también somos llamados a seguir los pasos de Cristo, quien odiaba la maldad (véase Hebreos 1:9). Si imitamos su ejemplo, despreciando las mismas cosas por las cuales Él murió en la cruz para salvarnos de ellas, nos encontraremos manteniendo alejadas a nuestras familias del entretenimiento que enaltece a esas cosas. Si sus hijos no comparten esa actitud, todos los sermones y reglas del mundo no marcarán ninguna diferencia.

Supongamos que usted se acerca a la ventana para llevar comida de su hamburguesería favorita. Junto a la hoja de pedido se incluye una hoja de papel con el siguiente mensaje: "El Departamento Estatal de Salud ha determinado que nuestras hamburguesas contienen cantidades significativas de la bacteria E. coli. Por favor, pida a riesgo propio".

¿Qué haría usted? Pisa el acelerador y se va de ese lugar enseguida.

El entretenimiento actual con frecuencia está contaminado por "la bacteria E. coli" mediante falsas filosofías. Necesitamos enseñar a nuestros jóvenes a odiar la maldad para ayudarles a que pisen el acelerador y la dejen atrás rápidamente.

Parece que este no es un punto de vista universalmente sostenido entre los padres en estos tiempos. Como he mencionado antes, cuando asisto a proyecciones de películas realizadas por estudios cinematográficos o estaciones de radio, el cine con frecuencia está lleno de una multitud que espera ansiosamente la oportunidad de que haya un asiento libre. Cuando recorro la audiencia, incluso en películas para mayores de 17 años, es bastante común ver a familias completas, con frecuencia con niños pequeños, niños de dos años y niños con edad para estar en primaria.

Lo que es más, a medida que la película avanza, muchas escenas que hacen que mi corazón llore inspiran a la audiencia a comenzar a aplaudir o a reírse. En ocasiones como esas desearía que más padres enseñasen a sus hijos a aborrecer lo que merece ser despreciado (no que deberían llevar a sus hijos a ver películas como esas con ese propósito en mente).

Entiendo que toda esta charla sobre odiar podría ser sacada de contexto. Entiendo que entre fe, esperanza y amor, el mayor de ellos es el amor. También entiendo que Dios es amor. Lo entiendo cuando el Señor nos manda amar a nuestro prójimo *y* a nuestros enemigos. Sí, el amor es la fuerza impulsora que hay tras los Evangelios, el sacrificio de Cristo y nuestra respuesta a Dios.

Pero la Biblia también nos manda: "Aborrezcan el mal" (Romanos 12:9). Y en Proverbios 8:13, aprendemos: "Quien teme al Señor aborrece lo malo".

Tristemente, muchos de nosotros no *aborrecemos* realmente la maldad. Tendemos a tolerarla, ignorarla, vivir con ella y excusarla. Tomemos, por ejemplo, a la celebridad y actriz Heidi Montag (*The Hill*). Ella ha hablado mucho sobre su fe, pero en una entrevista en 2009 explicaba que posar para la revista *Playboy* no violaría sus convicciones espirituales. "Creo que Dios creó el cuerpo. Creo que hemos nacido desnudos, y moriremos desnudos. No creo que sea algo de lo que avergonzarse...Si tuviera que posar para *Playboy*, sería un gran honor".[1]

No es mi tarea ni mi intención juzgar el estado espiritual de Heidi; pero si queremos que nuestros hijos tengan un corazón que escoja el bien por encima del mal, necesitamos ayudarles a entender por qué no nos encogemos de hombros o sonreímos ante las cosas que Dios aborrece. Cuanto más mayores sean ellos, más crucial se vuelve esto; ellos necesitan rechazar personalmente la maldad, no porque nosotros les digamos que lo hagan.

Los jóvenes (y los adultos) que no desarrollan esta actitud tienden a enfocarse en hasta dónde pueden estirar los límites, y no en agradar a Dios. En su libro, *In the Meantime*, el pastor Bob Brendle explica:

> La gracia barata nos permite, e incluso respalda, vivir cerca de la línea porque su principal propósito es sacarnos del embrollo en que nosotros mismos nos situamos cada vez que caemos en pecado. La gracia barata existe de modo que podamos pecar una y otra vez y después lamentarlo y hacer que todo vaya bien. No requiere transformación alguna, solo reconocimiento de que Dios nos ama, por pecadores que somos, y ha proporcionado perdón permanente mediante la sangre de Jesús. No hay arrepentimiento, no hay cambio de dirección, solo pecar y disculparnos... Nos gusta tener una licencia para ser débiles, tropezar y fracasar. Nos gusta la gracia barata porque requiere poco de nosotros más allá de cierta semejanza de sinceridad.[2]

Cuando se trata del entretenimiento, muchas personas cruzan la línea debido a la gracia barata, creyendo que es más fácil pedir perdón que buscar la perspectiva de Dios en tales asuntos pequeños como películas, música, videojuegos, televisión y la internet. Pero como señala Brendle, eso tiene un importante recorte:

> [No llegar a la raíz de nuestros pecados] conduce a vivir más cerca de la línea. Las personas que siguen a Cristo de esta manera no resisten activamente al enemigo, y por eso pasivamente le prestan ayuda. El pecado se agazapa en nuestros corazones como la marea que llega, y cada oleada avanza un poco más hacia la playa, borrando anteriores marcas de agua y dejando bajo el agua terreno que antes estaba seco. Sin resistencia activa, el diablo sigue tomando terreno. Normalmente no decidimos marchar hasta la línea y acampar ahí de manera desafiante; en cambio, vemos que después de cada oleada sucesiva de pecado, nuestra inhibición ha disminuido, nuestra tolerancia ha aumentado y nuestra línea costera se ha erosionado un poco. Y un día nos despertamos para descubrir que hemos estado viviendo cerca de la línea por algún tiempo. Con una punzada de tristeza, nos resignamos a nosotros mismos a la realidad de que la línea ahora nos define.[3]

Hasta que sigamos el ejemplo de Cristo y despreciemos las cosas por las cuales Él murió en la cruz para salvarnos de ellas, será difícil, quizá imposible, tener verdadero discernimiento. No podemos contar con que el entretenimiento describa actividades como adulterino, murmuración, consumo de drogas recreativo, rebeldía y relaciones homosexuales de ninguna otra manera sino glamurosa, divertida, sexy y que no es gran cosa. Lo que una vez parecía vergonzoso puede rápidamente volverse normal.

Hasta principios de la década de 1990, por ejemplo, los besos entre personas del mismo sexo era tabú en la televisión estadounidense en horario de máxima audiencia. En 1991 llegó a la gran pantalla el primer beso lésbico en *L.A. Law*, seguido por otro en 1993 en *Picket Fences*. Pero un cambio sísmico realmente sacudió la cultura estadounidense en 1994, cuando Roseanne Barr besó a Mariel Hemingway durante un episodio de la popular comedia *Roseanne*. Cuando la tormenta resultante de controversia sea apaciguó, se había abierto una puerta, y nunca se ha vuelto cerrar.

Muchos han olvidado rápidamente que la cultura pasó del rechazo a la aceptación. Pero aquellos a quienes les agrada el cambio lo recuerdan. Roseanne Barr, 20 años después del lanzamiento de su comedia, explicaba: "Oh, ¡el beso lésbico! La ABC no quería emitirlo, pero era el programa mío y de Tom [Arnold]. Decíamos, '¡Vamos a hacerlo!'. En el último momento, ABC cedió. Yo sabía que sacudía todo tipo de cosas de clase media que debían ser sacudidas. Para mí, fue como una gran victoria sociológica".[4]

De modo parecido, Michael Jensen, director de la página web gay de medios de comunicación, afterelton.com, hizo esta observación sobre otro programa de televisión de la ABC, *Ugly Betty* [Betty la Fea]:

> Lo que el programa hace es normalizar lo que debería ser [según su opinión] una cosa normal. [El hermano menor de Betty] Justin no tuvo la necesidad de declarar su homosexualidad abiertamente en este momento, pero se vio claramente. Y lo mismo sucede con Marc [el compañero de trabajo de Betty]. No le recuerdo en ningún momento diciendo: "Sí, soy gay, tengo un novio", o algo parecido. Está completamente entrelazado en el tejido del programa de manera completamente natural. Y creo que así es

como se llega a la gente. Te cuelas por la puerta lateral sin hacer gran cosa de ello.[5]

Ramin Setoodeh de *Newsweek* observó: "Una encuesta de Gay & Lesbian Alliance Against Defamation descubrió que de las personas que dicen que sus sentimientos hacia gays y lesbianas se habían vuelto más favorables en los últimos cinco años, aproximadamente un tercio acreditaba eso en parte a personajes que vieron en televisión".[6]

El mismo cambio en los valores culturales continúa en la pequeña pantalla cada semana de maneras grandes y pequeñas. El autor Cole NeSmith en su artículo "The Dangers of Emotional Pornography" (Los peligros de la pornografía emocional) explica que ver un programa de televisión en particular comenzó a minar los valores que él sostenía:

> Vi el episodio piloto de *Glee* cuando se presentó unos meses antes de que el programa comenzara a emitirse regularmente. Era lo bastante decente para dar tiempo a los siguientes episodios. Pero al final del segundo episodio, me resultaba un poco incómodo. A medida que lo veía, iba siendo consciente de lo que los guionistas querían que yo sintiera: que el buen maestro engañara a su malvada esposa con la amable compañera de trabajo, y el principal personaje masculino engañara a su hipócrita novia cristiana con su homólogo personaje femenino. Una cosa era querer los personajes en el programa hicieran esto o aquello, pero lo apagué en medio de una escena en la cual ese estudiante varón finalmente decidió engañar a su novia. No fue porque yo quedara ofendido por el contenido que tenía delante de mis ojos. Más bien, en ese momento, hubo una transferencia de energía. Me encontré pensando en qué novia de otro yo debería haber robado en la secundaria y lo fácil e increíble que habría sido.[7]

Cuando no practicamos el "odio divino", también nosotros podemos encontrarnos imaginando algo malvado como "fácil e increíble".

Cuando yo era niño, mi familia hizo un viaje de vacaciones para visitar a mis abuelos en Arkansas. Para calmar el sofocante calor y la sofocante humedad, condujimos hasta un arroyo cercano. Allí, mi abuelo los llevó a una zona para nadar, pero no era muy profunda, así que todos comenzamos a construir una presa utilizando piedras y ramas de árboles. Cuando mi madre quiso agarrar cierto "palo", se alejó nadando. Era una mocasín boca de algodón, ¡una serpiente venenosa!

Horrorizada, mi madre nos hizo salir a todos del agua, pronto. Mi abuelo mató a la serpiente y la colgó de una rama para que sirviera como advertencia para otros posibles nadadores.

Al igual que con las serpientes venenosas, una reacción adecuada al venenoso contenido de los medios es evitarlo. Pero algunos padres prefieren permitir a sus hijos nadar con las serpientes venenosas creyendo que no serán mordidos. "Bueno, mis hijos tienen la piel dura", razonan. "Sé que ellos pueden manejarlo". O: "Puede que sea venenoso, pero sé que obtendrán el antídoto el próximo miércoles en la noche cuando vayan al grupo de jóvenes". O: "Todos sus amigos nadan aquí, y *ellos siguen* vivos".

Yo sugeriría que hasta que nuestros hijos odien el veneno, es probable que caigan víctimas de él. Eso se debe a que menospreciar la maldad es mucho más fácil que quedarse fuera de las corrientes infestadas de serpientes de los medios de comunicación.

Golpear mientras el hierro está caliente

Por tanto, ¿cómo ayudamos a nuestros hijos a desarrollar un odio apropiado por la maldad? Necesitamos buscar oportunidades para dar lo que yo denomino golpes preventivos.

Puede que sea tan sencillo como decir algo provocador como: "Sin duda, espero que llegues a ser tan bueno en el odio como lo es Jesús". Entonces sentarse y esperar. Le garantizo que sus hijos no ignorarán esa frase.

Unas semanas o meses después, regrese al mismo tema. "Oigan, niños, ¿cómo va el odio? ¿Están llegando a ser bastante buenos en eso?". De vez en cuando también puede hacer preguntas como: "¿Crees que tus amigos son buenos en odiar la maldad?" O: "¿Cuándo el odiar la maldad cruza la línea hasta condenar a alguien, y cómo podemos asegurarnos de no haber cruzado esa línea?". Asegúrese de que sus hijos entiendan que se trata de aborrecer ciertas actitudes y acciones, no de aborrecer a personas.

También puede utilizan controles preventivos al consumir entretenimiento. Digamos que están viendo la Super Bowl, y comienza algún anuncio sórdido de cerveza o de gel. Ahora no es el momento de estar en silencio. Al menos, es momento de "hablar con el televisor".

Pruebe a decir algo como: "Realmente ese tipo de humor me resulta ofensivo, y sé que al Señor también se lo parece". La razón de dirigirse a una televisión que no puede escuchar es porque, desde luego, su hijo sí puede hacerlo. Mejor aún, pregúnteles a sus hijos qué piensan sobre lo que acaban de ver: "¿Qué creen que está vendiendo en realidad ese anuncio? ¿Cuál creen que es la opinión de Dios sobre ese mensaje?".

Cuando mis hijos eran más pequeños, los viajes familiares eran otra oportunidad de dar ciertas lecciones de fe. Antes de subir al auto, yo hablaba sobre un concepto que quería que mis hijos pensaran. Las horas de las comidas también funcionan bien. ¿Por qué no utilizarlas para infundir principios en cuanto a los medios haciendo preguntas a sus hijos sobre entretenimiento?

Otro golpe preventivo es buscar a parejas que hayan criado exitosamente a sus hijos; pregúnteles a quemarropa lo que ellos harían (y no harían) si tuvieran que repetirlo todo otra vez. Pregunte: "¿Qué cosas concretas ayudaron a sus hijos a entender el concepto de que Jesús se interesa por lo que ellos ven y escuchan? ¿Qué batallas tuvieron que afrontar cuando sus hijos estaban creciendo, y cómo las manejaron?".

Y otro golpe preventivo es determinar de antemano que resistirá la presión de los iguales para hacer concesiones en el entretenimiento basándose en el modo en que otros padres manejan esos medios en sus casas. Estamos hablando de la tendencia a pasar por alto sus propios valores bíblicos y permitir la exposición a medios con los que usted no se siente cómodo porque parece que está en minoría. Es mejor pasar por alto lo que otras familias están haciendo (o no haciendo) y buscar la perspectiva del Señor por causa de nuestros hijos.

No somos llamados a criar a los hijos de los Smith (a menos que su apellido resulte ser Smith). Somos llamados a criar a los nuestros. Si tenemos una oportunidad de influenciar a nuestros vecinos, compañeros de trabajo o familiares, deberíamos aprovecharla. Pero nuestro "campo misionero" principal vive bajo nuestro propio techo.

Pero ¿funciona?

Puede que usted diga: "Muy bien. Tiene sentido influenciar las actitudes de mi hijo en lugar de solamente establecer reglas. Pero eso toma mucho más tiempo. ¿Cómo sé que vale la pena?".

Cuando mi hija Kelsey estaba en la universidad, tuvo varias

experiencias con películas que revelaron el corazón que ella había desarrollado en el hogar. Con el permiso de ella, voy a compartir tres.

En el primer caso, a pesar de haber adoptado la postura de honrar a Cristo con sus decisiones en cuanto a entretenimiento, Kelsey cedió y vio una película cuestionable para mayores de 17 años con una de sus amigas. Sin embargo, en lugar de abrir su apetito para ver más, esa infracción en realidad produjo el resultado opuesto: desengaño personal por haber bajado la guardia. Con fervor renovado, ella decidió mantenerse en el curso que había delineado para sí misma.

El segundo incidente tuvo que ver con una película para mayores de 13 años. Ella y sus amigas cometieron el error de suponer que esa película sería relativamente benigna (quizás porque descuidaron comprobarlo primero en la página pl{ü}ggedin.com). La película enseguida resultó ser bastante sórdida. ¡Estoy orgulloso de decir que Kelsey se fue! Hacer que esa decisión fuese más difícil aún fue el hecho de que ninguna de sus amigas, todas ellas cristianas, decidieron hacer lo mismo. Eso significó que ella tuvo 90 minutos aproximadamente de tiempo "a solas" en el vestíbulo del cine.

Finalmente, está la ocasión en que Kelsey y una amiga se dirigieron a la casa de otra amiga para ver un DVD. Cuando llegaron, se encontraron con que el grupo, incluyendo a los padres, habían cambiado la película positiva que planeaban ver y escogieron otra diferente, una película con muchas bromas e insinuaciones sexuales. Para no formar una escena, calladamente informó a la amiga y a sus padres que ella prefería no exponerse a ese contenido, y halló otra cosa que hacer.

Pero la historia no ha terminado. Unos días después, la madre le dijo a Kelsey lo mucho que la admiraba por haber adoptado esa postura, añadiendo algo como: "Nosotros tampoco deberíamos haberla visto; era realmente cruda y desagradable". En honor a la verdad: Por favor, notemos que mantenerse firme no siempre tiene el final feliz que tuvo este incidente.

He incluido estas historias de mi hija porque ofrecen esperanza. Si usted siente que constantemente está batallando con sus hijos sobre límites en cuanto a los medios, puede ayudarle saber que en realidad es posible criar a un hijo que desee honrar a Cristo con las decisiones que toma en cuanto entretenimiento, y que tal deseo hace que sea mucho más fácil establecer y mantener normas familiares.

También puede ayudar leer este extracto de una carta que recibimos de un joven llamado Kenneth K.:

Personalmente batallo con dónde debe trazarse la línea con la industria del entretenimiento. La comprensión de que hay dos potestades en el mundo puede ser una pastilla difícil de tragar. Si yo amo verdaderamente a Dios con todo mi ser, sé que no hay manera alguna de que pueda tolerar el entretenimiento que desafíe quién es Él o lo que Él defiende.

Yo no vería una película o escucharía una canción que se burle o menosprecie a mis padres terrenales. Si viese una película con una gran actuación y una trama inteligente que fuese totalmente limpia a excepción de una mención de lo mucho que el personaje principal odia a mi papá, yo no podría pasar por alto esa parte y decir: "Bueno, a excepción de una parte, fue una película estupenda". En cambio, estaría enojado porque amo a mi padre y conozco su amor y los sacrificios que él ha hecho para que yo pueda estar donde estoy en este momento. Mi esperanza es llegar a ese mismo lugar en mi relación con Dios. La basura en la industria del entretenimiento me ofende, pero no me molesta tanto como creo que debería hacerlo. Creo que me ofenderé *más* a medida que mi caminar con mi Padre y mi Rey sea más cercano.

Como Kenneth, necesitamos entender que aprender a ver los medios desde la perspectiva de Dios es un proceso. Seamos alentados por ejemplos como el de Kenneth; y seamos pacientes con nosotros mismos y con nuestros hijos a medida que hacemos el viaje en la misma dirección.

Las vidas sí cambian. Los corazones endurecidos se suavizan. Batallar por el entretenimiento es inevitable. Pero en esta cultura saturada por los medios, es necesario un esfuerzo deliberado, un esfuerzo que se hace más fácil cuando sus hijos quieren amar al Señor con todo su corazón, su alma, su mente y sus fuerzas.

Brian Welch:
Un cambio de corazón

A finales de los años noventa, Korn dominaba las listas pop con desesperante cultura un metal llena de letras obscenas y autodestructivas. Pero en 2004, el guitarrista Brian "Head" Welch se encontró en una encrucijada, abandonando el grupo y aceptando a Cristo. Él habló conmigo sobre sus días más oscuros, su encuentro con Dios y la niña que puede que haya salvado su vida.

P: ¿Fue abandonar Korn una decisión espiritual?

Brian: Hubo más de una razón para abandonar ese grupo. No me gustaba el estilo musical y la dirección en que iban. Lo real se alejó un poco, y las letras ya no eran todas ellas escritas por miembros de Korn, lo que a mí no me gustaba. [Pero] una razón por la que ya no estoy en el grupo es que no es el plan de Dios para mi vida que yo haga eso.

P: El factor principal fue tu hija, Jennea, ¿no?

Brian: Ella fue una gran influencia, una niña tan pura y hermosa. Yo la llevaba en los viajes conmigo y la veía ser corrompida por todas las cosas que sucedían. Yo intentaba ocultarlo de ella, pero no podía. Yo estaba enganchado a las drogas, e iba al baño esnifando líneas. Todo el mundo blasfemaba, bebía y fumaba droga. Yo seguía intentando dejarla con otras personas, como si dijera: "Críen a mi hija, yo me voy de fiesta". Entonces yo regresaba a casa colgado o borracho. Quería con fuerzas ser un buen papá, pero estaba muy cansado y era muy egoísta.

P: En tu libro, *Save Me from Myself* [Sálvame de mí mismo], mencionas estar inquieto por oírla cantar una canción de Korn.

Brian: Ella tenía cinco años, y yo estaba sentado observándola cantar: "Todo el día sueño con sexo" [de la canción "A.D.I.D.A.S"]. Eso no está bien. No me importa si ella no sabía lo que estaba cantando. Aun así me asustó. No es correcto que ella vea a su papá colgado por las drogas, no es correcto que ella cante esa canción. Es como si yo le estuviera robando su niñez o algo así, ¿sabes?

P: Claro, pero ¿qué de las otras Jennea en el mundo a quienes les gustaba la música de Korn? ¿Qué de su inocencia?

Brian: Yo no veía eso entonces. Yo no pensaba en los hijos de otras personas. Pensaba que los padres se ocuparían de sus propios hijos. Cuando uno no tiene el Espíritu de Dios, no piensa en los demás; solo se preocupa por uno mismo.

P: Con todo el entretenimiento que tiene como objetivo los adolescentes, ¿qué medio es más poderoso?

Brian: Creo que sigue siendo la música. Se puede jugar a videojuegos y cosas así, y es un juego; te conviertes en un robot. Pero la música toma tus emociones y tu mente y puede cambiar las cosas y avivar cosas en tu interior. Es realmente espiritual, poner música y palabras juntas.

P: Hablemos de tu conversión. ¿Cómo captó Dios tu atención?

Brian: Los dos últimos años que estuve en Korn estaba de fiesta sin parar y comencé a consumir *speed* cada día. Era tan adicto que me asusté. Intenté ir a rehabilitación, pero eso no funcionó. Nadie podía ayudarme. Entonces terminé viendo si Jesús era real, y Él instantáneamente alejó las drogas. Él se me reveló y me dio las fuerzas. Cuando entendí eso, supe tenía que rendirle cuentas a Dios.

P: ¿Quién te llevó al Señor?

Brian: Todo tipo de personas me habían estado pidiendo que asistiera a diferentes iglesias. Yo estaba rodeado de cristianos. Un día estaba con aquellos tipos con quienes estaba haciendo negocios de bienes inmuebles, y ellos me invitaron a su iglesia. El pastor habló de buscar primeramente el reino de Dios, y todas las cosas y su justicia nos serían dadas. Me fui a casa, me senté en mi vestidor y clamé todas esas líneas. Comencé resoplando y dije: "Jesús, quita de mí estas cosas. Yo ni siquiera puedo dejarlas. Quiero con todas mis fuerzas dejarlas por mi hija". Un amigo me ayudó a tirar todas esas cosas. Una semana después estaba sentado delante de mi computadora, y tuve una experiencia sobrenatural, un abrumador sentimiento de amor que no es de este mundo, y supe que era Dios. Mi vida cambió en aquel momento.

P: Si pudieras decirles una cosa a los adolescentes, ¿qué sería?

Brian: Se me había dado todo en el mundo. Llegué a experimentar el máximo. Los jóvenes sueñan con llegar a ser estrellas del rock. Yo lo conseguí. Me sucedió a mí. Yo era un adolescente normal que tuvo dificultades en la época de crecimiento, y sencillamente llegué a estar en este grupo que llegó a ser muy grande. Pero si lo comparo con mi relación con Cristo y el destino que Dios tiene para mí, ni siquiera se compara a estar con Dios. Cualquier cosa que puedas obtener del mundo, si no lo utilizas para Dios, es solo una pérdida de tiempo. No hay propósito alguno, no hay razón.

P: ¿Es la música parte de tu nuevo llamado?

Brian: Cuando fui salvo, estaba escribiendo música que era realmente suave. Me gustaban los estilos agradables y quería relajarme un poco. Entonces un día tuve esta canción, y solamente comencé a expresarla, y resultó increíble. Por tanto, tuve la sensación de que Dios me estaba dirigiendo a regresar ahí. Mi música es real. Habla de mis experiencias. Es genuina, realmente música de *rock* pesado.

cinco

Prepararlos
con principios

Como podrá decir por leer este libro, me apasiona alentar a los seguidores de Cristo a honrarle a Él con sus decisiones en cuanto a los medios de comunicación. Pero no siempre me he sentido así.

De hecho, aunque yo me convertí en cristiano a los 15 años de edad, no fue hasta que llegué a los 20 cuando el Señor me habló en esta área. Cuando me convertí en creyente, había varios pecados y hábitos que necesitaban el señorío de Él. Algunos cambios necesarios se produjeron al instante, pero interesarme por obedecerle con las decisiones que tomaba sobre entretenimiento no estaba en la lista.

Entonces, ¿cómo captó Dios mi atención con respecto a los medios? Él finalmente pudo atravesar mi duro cráneo durante los años en que serví como pastor de jóvenes. No mediante un sermón sobre pureza o la necesidad de ser santo como Él es santo. Yo había oído y enseñando sobre esos temas muchas veces, pero por alguna razón nunca había sentido que se aplicaba al entretenimiento.

Afortunadamente, un joven de mi grupo de jóvenes me dio una cinta de audio que hablaba de la música contemporánea y la necesidad de discernimiento desde una perspectiva bíblica. Al mirar atrás, parece extraño que aquel adolescente en particular me entregase una enseñanza de cualquier tipo; sencillamente, él no era ese tipo de muchacho. Tengo que pensar que el Señor le estaba guiando, ya que aquello debió de haber estado fuera de su zona de comodidad. Él probablemente ni siquiera recuerde haberlo hecho, pero yo nunca lo he olvidado.

Igualmente extraño es el hecho de que yo realmente escuchara esa cinta. Incluso la puse el día siguiente a que él me la diera, un día en que el grupo de jóvenes hizo un viaje a esquiar en el autobús de la iglesia. Como era mi costumbre, escuchábamos un canal de rock duro hasta donde llegaba la señal de radio. Entonces puse esa cinta de enseñanza. Todos los pasajeros podrían haberlo escuchado también; si alguna otra persona fue afectada como yo no está claro hasta la fecha. Pero lo que yo oí cambió mi vida, y mi llamado.

A medida que aquel maestro de la Biblia hablaba por medio de los altavoces de bajo presupuesto de nuestro autobús, combinaba verdad bíblica con aplicación en la vida real, concentrándose principalmente en la música popular y su influencia. Esa mezcla realmente me dio convicción.

Al mirar en retrospectiva, puedo ver que solamente los versículos de la Biblia no habrían realizado la tarea para mí porque no habían parecido tener aplicación. Yo necesitaba entender lo que tenía que ver la Palabra de Dios con la música oscura que yo había defendido por tantos años. Cuando el altavoz señaló esto y yo entendí el concepto de honrar a Cristo con la música que yo escogía, fui capaz de aplicar eso otras formas de entretenimiento también.

Para mí, la bombilla finalmente se había encendido.

¿La Biblia dice así?

Creo que la mayoría de los creyentes, adultos y jóvenes, son como yo en esto: antes de ponernos serios en cuanto a mejorar nuestra dieta de medios de comunicación, necesitamos prueba sólida, bien documentada y bíblica y el entendimiento espiritual de cómo estos principios bíblicos se aplican al entretenimiento. Los jóvenes no se privarán de la última comedia televisiva, álbum o página web simplemente porque sus padres se lo manden. Pretender lo contrario solo conduce a más batallas sobre entretenimiento.

Los jóvenes quieren saber *por qué*, y eso requiere detalles. Desde que escuché aquella cinta, he aprendido cuántos pasajes de la Escritura pueden aplicarse a los medios. Si por algo, me gustaría que hubiese incluso más.

Lejos de mí, desde luego, intentar decirle al Señor cómo podría Él haber hecho mejor la Biblia. Estoy totalmente convencido de que su Palabra es completa, infalible y precisa, y no necesita mejora de ningún tipo. Sin embargo, admitiré que hay ocasiones en que me gustaría que Él hubiese incluido algunos versículos ofreciendo pautas sobre el cine, cambiar de canales, renta de DVD, juegos de videos y descargas de música, solo por nombrar algunas categorías de medios de comunicación.

De algún modo imagino que si Jesús lo hubiera descrito con un poco más de claridad en los Evangelios, sus seguidores habrían sido más obedientes en esta área; y no me habría tomado unos ocho años entenderlo personalmente. No puedo evitar pensar en el efecto de una narrativa bíblica que pudiera haber comunicado algo como lo siguiente:

> Y cuando Jesús había recorrido parte del camino, uno de sus discípulos le preguntó: "Señor, en los últimos tiempos, ¿qué tentaciones serán trampas para quienes vivan en la tierra?".
>
> Y Jesús respondió: "Llegará un tiempo en que hombres, mujeres, niños y niñas se pasarán horas mirando imágenes en movimiento de personas que practicarán todo tipo de maldad que sale del corazón del hombre. Y al mismo tiempo, se cantarán canciones que de modo despreciable encuentren falso gozo en la perversión, la violencia y la oscuridad de todo tipo.
>
> "Y la gente se reirá profundamente de la maldad que vean y oigan, y desearán seguir esa oscuridad. Y cuando tal oscuridad haga parecer buena la maldad y haga parecer malo el bien, muchos en aquellos días se rebelarán contra su Creador con celo. Y muchos seguirán esas conductas y harán lo mismo.
>
> "Pero ustedes no deberían sucumbir a esas imágenes o canciones, reírse en sus corazones de esa maldad ni participar de esas formas de diversión. No, en cambio deberían alejarse de esa oscuridad y durante esos días enseñar a otros cómo permanecer firmes contra esa vileza y, al así hacerlo, mantener sus corazones limpios y puros para mí.
>
> "Y llegará el día en que algo llamado televisión...".

Desgraciadamente, durante la mayor parte de la historia de la humanidad, tal guía no habría tenido ni una pizca de sentido para quienes la leyeran. *¿Qué es un televisor? ¿Qué quiso decir Jesús cuando habló de descargas en MP3? ¿Qué es un iPhone? ¿Y la internet? ¿Qué quiso decir cuando habló de películas soeces y gansta rap?*

Aun así, no puedo evitar pensar que los creyentes en la actualidad podrían beneficiarse de algunos mandatos directos sobre estos temas. No es que Dios haya estado en silencio sobre el tema; es sencillamente que la guía no es esa fruta que cuelga baja del árbol y que muchos de nosotros preferimos. Con frecuencia se necesita una escalera para agarrarla.

El Señor sabía lo que hacía cuando decidió que todo lo que necesitamos para esa "lámpara para nuestros pies" puede encontrarse dentro de las páginas de la Escritura, incluso para problemas modernos como el entretenimiento actual. No encontraremos un versículo que diga: "No usarás la página de Facebook para murmurar o verter comentarios sobre tu prójimo", pero encontraremos lo suficiente sobre amar a nuestro prójimo para saber que murmurar sobre él o ella es claramente una violación de los mandamientos y la bondad de Dios. Ya sea que la murmuración se extienda cara a cara o computadora a computadora, las instrucciones del Señor siguen siendo las mismas.

Eso es cierto también sobre elegir las películas que vemos. No, no encontraremos: "No verás ninguna película calificada para mayores que se titule *La pasión de Cristo*", pero encontraremos muchos principios que se aplican a lo que permitimos que entre en nuestra cabeza y nuestra mente.

Por tanto, hagamos un viaje por varios de esos principios. A continuación hay ocho que puede compartir con sus hijos, y aplicarlos juntos a las decisiones en cuanto a medios de comunicación.

Principio 1 para transmitir: Evitar la corrupción

Santiago, el medio hermano de Jesús mismo, explica cómo se ve la verdadera religión: "La religión pura y sin mancha delante de Dios nuestro Padre es ésta: atender a los huérfanos y a las viudas en sus aflicciones..." (Santiago 1:27).

La mayoría de sermones que habrá oído sobre huérfanos y viudas probablemente se detuvieran ahí. Pero el versículo sigue adelante. Santiago añade: "y conservarse limpio de la corrupción del mundo".

Una nota en la Biblia de estudio *The Full Life Study Bible* explica el pasaje de este modo: "Santiago da dos principios que definen el contenido del cristianismo verdadero... [siendo el segundo] guardarnos a nosotros mismos santos delante de Dios. Santiago dice que el amor por los demás ha de ir acompañado de un amor por Dios expresado en separación de los caminos pecaminosos del mundo. El amor por los demás debe ir acompañado de santidad delante de Dios, o no es amor cristiano".[1]

¿Ha captado esa frase que suena a anticuada, "separación de los caminos pecaminosos del mundo"? Puede que sea difícil tragarse eso en estos tiempos, pero Santiago está diciendo que la religión verdadera implica mantenerse alejado de ciertas cosas para así poder lograr la meta de no ser contaminados por la maldad.

La aplicación al entretenimiento es obvia, pero no siempre fácil.

La separación puede llevarse a extremos poco sanos; no debemos ser *del* mundo, pero aun así debemos vivir *en* él (véase Juan 17:14-16). La parte de "no de él" nos llama a ser diferentes, negarnos a disfrutar de la oscuridad que a otros puede resultarles divertida.

El apóstol Pablo lo sopesa con esta enseñanza:

¿Qué tienen en común la justicia y la maldad? ¿O qué comunión puede tener la luz con la oscuridad?...Por tanto, el Señor añade: «Salgan de en medio de ellos y apártense. No toquen nada impuro, y yo los recibiré». «Yo seré un padre para ustedes, y ustedes serán mis hijos y mis hijas, dice el Señor Todopoderoso». Como tenemos estas promesas, queridos hermanos, purifiquémonos de todo lo que contamina el cuerpo y el espíritu, para completar en el temor de Dios la obra de nuestra santificación (2 Corintios 6:14-7:1).

A muchos jóvenes (y adultos) les resulta difícil estar separados cuando se trata de los medios porque están mucho más interesados en lo que sus amigos podrían pensar que en honrar a Cristo y agradarle. Dada una opción, prefieren separarse de una cercana relación con Dios que de sus amigos. Esa pareciera ser la actitud de Laura, quien nos envió este correo electrónico:

A quien pueda interesar:

Ustedes arruinan las vidas de muchos adolescentes con padres conservadores. Yo no soy inmoral, y conozco la diferencia entre lo bueno y lo malo. He visto muchas de las películas que ustedes critican, y en esas críticas reaccionan en exceso y dan demasiada importancia a cosas que son insignificantes. Tengo 18 años de edad y estoy por comenzar el cuarto año de escuela superior. Sin embargo, estoy restringida a las libertades de un niño de diez años cuando se trata de ver películas debido a la lectura religiosa de mis padres de las críticas escritas por su estirado personal que solo aprueban *Narnia* y *Enfrentando a los gigantes*. Agradecería mucho si dejaran de incrementar sus propias opiniones en sus críticas. Ellos no son Dios, y solo porque digan que algo es inadecuado no significa que en realidad lo sea...Por favor, dígale [a su crítico] que mañana en la noche me veré obligada a quedarme en casa, mientras que mis amigas, incluyendo a la hija de un pastor, irán a ver el "contenido sexual gráfico" de la película [que yo tengo muchas ganas de ver]. Estoy segura de que todas regresarán con heridas de por vida. Gracias por preservar mi inocencia. Por tanto, supongo que me quedaré en casa y veré *Shrek III*...

Sinceramente,

Laura

Si tiene usted un hijo adolescente que parezca dirigirse en la dirección de Laura, tenga esperanza en el hecho de que las personas pueden cambiar. Yo lo hice, y también lo han hecho muchos, muchos otros.

En mi caso, necesitaba ser convencido de que a Dios realmente le importaba esta área. Yo probablemente habría leído el Nuevo Testamento media docena de veces sin relacionarlo con asuntos de los medios de comunicación. Aquella cinta ayudó a establecer la relación.

Quizá será eso lo necesario para captar la atención de su hijo joven: detalles sobre la influencia de los medios, evidencia de investigaciones, testimonios de quienes lo entienden, y aprendizaje de los errores de quienes no lo entienden. Combinemos todo eso con mucha oración, los momentos correctos para hablar sobre este asunto, ¿y quién sabe lo que el Señor podría hacer?

Principio 2 para transmitir: Escoger los amigos con cuidado
Uno de mis capítulos favoritos de la Biblia que ofrece un principio relacionado con los medios es el Salmo 1:

> Dichoso el hombre que no sigue el consejo de los malvados, ni se detiene en la senda de los pecadores ni cultiva la amistad de los blasfemos, sino que en la ley del Señor se deleita, y día y noche medita en ella. Es como el árbol plantado a la orilla de un río que, cuando llega su tiempo, da fruto y sus hojas jamás se marchitan. ¡Todo cuanto hace prospera! En cambio, los malvados son como paja arrastrada por el viento (Salmo 1:1-4).

¿Cómo se relaciona esto con los medios? Después de todo, cuando el rey David escribió estas palabras, estoy seguro de que incluso en su imaginación más desbocaba no podía haber imaginado salas de cine, reproductores de DVD, teléfonos inteligentes, la internet, videojuegos y 1350 canales de programación de televisión. Cuando nos advirtió que no estuviéramos con blasfemos, él estaba pensando en cara a cara.

Actualmente podemos estar con personas sin ni siquiera acercarnos a ellas. Podemos votar con ellas en respuesta a un programa de "reality", argumentar con ellas en una página de comentarios en la internet, compartir fotografías con ellas en una página de redes sociales, y desafiarles a un duelo de juego en línea. Podemos pasar horas con héroes, villanos, expertos y gurús en pantallas grandes y pequeñas.

Ninguno de esos "alguien" es problemático. Pero bastantes de ellos se califican. Ser cuidadoso con quién influye en nosotros requiere tiempo y reflexión. ¿Sabe su hijo cómo evaluar a posibles amigos? ¿Qué de los músicos, actores, personajes y quienes surfean la red y con quienes él o ella puede pasar horas?

Ayude a su hijo a entender por qué el escritor de Proverbios nos aconseja que escojamos nuestra compañía con cuidado. Él lo expresa de este modo: "No te hagas amigo de gente violenta, ni te juntes con los iracundos" (Proverbios 22:24).

El escritor también nos advierte: "No envidies a los violentos, ni optes por andar en sus caminos" (Proverbios 3:31). ¿Cómo podría aplicarse esto a videojuegos de disparos, vengativas letras de canciones o las películas de la serie *Saw*? Evitar las formas brutales de entretenimiento, y a aquellos que nos alientan a participar, hará que sea mucho más fácil seguir las enseñanzas de Cristo sobre amar a los enemigos y poner la otra mejilla.

Principio 3 para transmitir: Escapar de la cautividad

Otro potente principio que puede preparar a sus hijos para aprender discernimiento sobre los medios se encuentra en Colosenses 2:8: "Cuídense de que nadie los cautive con la vana y engañosa filosofía que sigue tradiciones humanas, la que va de acuerdo con los principios de este mundo y no conforme a Cristo".

Toda película y guión de televisión, toda historia de un juego de video y toda canción están basadas en la filosofía de alguien. No todo el entretenimiento es "vano y engañoso", desde luego; pero gran parte sí lo es, y muchos jóvenes de buena gana se permiten a sí mismos ser cautivados. El proceso se produce lentamente: una insensibilización gradual. Para esos jóvenes, disfrutar de algo que pueden ver y oír ahora parece mucho más real que las cosas invisibles de Dios. Venden su primogenitura, por así decirlo, por la sopa actual de los medios; porque lo segundo parece tener más gusto que el sabor de hacer las cosas a la manera de Él.

Si se está preguntando lo que es que una persona sea cautivada por filosofías vanas y engañosas, considere a un joven llamado Andrew, que nos envió este mensaje:

> En primer lugar, me gustaría decir que soy un fan del *hip-hop* y todo tipo de música. En segundo lugar, me gustaría decir que el Sr. Bob Waliszewski es un descarado imbécil que no tiene que estar escribiendo estas críticas. El hombre claramente no es un fan del *hip-hop* en absoluto, y lanza el término "gangsta rap" a todo...Sus críticas son estrictamente sobre palabras, no el arte. Estas críticas parecen estar dirigidas hacia una audiencia de padres que compran regalos a sus hijos. No sé por qué él reseña los álbumes de *hip-hop* si se va a limitar a decir que todos son "sucios".
>
> ...Si Bob fumase mariguana, sentiría una apreciación mucho mayor por lo que hace [uno de mis músicos favoritos]...Sinceramente le odio, Sr. Bob. Acaba de arruinarme el día.

Yo no me alegro de arruinarle el día a nadie. En realidad soy un fan de la música *hip-hop*; hay artistas en este género, primordialmente cristianos, que saben cómo crear canciones que alientan e inspiran. Es justo decir que yo hago reseñas sobre el entretenimiento debido a los padres y sus hijos. Pero no es para arruinar su diversión; es para hablar la verdad en amor a un mundo que la necesita desesperadamente.

El mensaje de Andrew refleja más de una filosofía engañosa. Parece que él se ha creído el argumento de que las letras no importan, solo importa el "arte". ¿Acaso no son las letras parte del arte? Él parece pensar que solo aquellos a quienes él considera fans de un género deberían poder comentar sobre él. Y aunque él está siendo sarcástico, hasta cierto grado puede que crea que consumir drogas ilegales mejora la apreciación del arte.

Principio 4 para transmitir: Descubrir las alegrías de la abnegación

Algunos conceptos sobre Dios ponen sonrisas en los rostros de nuestros hijos. Dígales que son especiales a los ojos de Dios y que han sido creados de modo maravilloso; no obtendrá ceños fruncidos. Lo mismo se aplica a tener un propósito supremo diseñado por Dios. Pero hábleles del llamado de Dios a la abnegación, y conseguirá un ceño fruncido.

Sin embargo, está en la Biblia. No debemos pasar por alto el formar a nuestros hijos en cuanto a ello y sus beneficios. Jesús en Lucas

9:23 explica: "Si alguien quiere ser mi discípulo, que se niegue a sí mismo, lleve su cruz cada día y me siga".

He descubierto a lo largo de los años que el mensaje de honrar a Cristo con nuestras decisiones sobre entretenimiento no siempre encaja bien en la iglesia, sobre todo entre los adolescentes. Eso se debe a que no podemos hablar del tema sin hacer hincapié en el concepto de que puede que tengamos que *negarnos* a nosotros mismos algo de "diversión" mientras que otros no tienen que hacerlo. La idea misma de que la abnegación puede que sea la mejor manera de vivir parece excesivamente dolorosa e inquietante.

Conozco ese sentimiento. Probablemente todos nosotros hemos sido tentados a saltarnos pasajes de la Biblia como este. Es como si quisiéramos que Jesús hubiese dicho: "Si alguien quiere seguirme, que se mime y no se preocupe por tomar una cruz de sacrificio. Después de todo, yo realmente estoy aquí para ayudarte a pasarlo bien y hacer que tu felicidad será mi mayor prioridad".

Al Señor *sí* le importa nuestra felicidad y bienestar. Sin embargo, en definitiva llegamos hasta ahí no al divertirnos a nosotros mismos sino al tomar nuestra cruz, negarnos a nosotros mismos y seguirle a Él.

Nuestros hijos necesitan entender esto y ver que somos ejemplo de abnegación. ¿Nos ven declinar esa escabrosa película para mayores de 13 años? ¿Nos ven cambiar la emisora de radio cuando suena una melodía inapropiada? Si sus amigos les preguntasen si sus padres ven un popular programa de televisión subido de tono, ¿podrían responder sinceramente con un "no"?

Principio 5 para transmitir: Poner guarda al corazón

Como he mencionado antes, Proverbios 4:23 nos recuerda: "Sobre toda cosa guardada, guarda tu corazón; porque de él mana la vida".

Se necesita acción para guardar nuestro corazón; no sucede porque sí. Por espiritual que pueda sonar, no podemos solamente orar para llegar a tener un corazón guardado: "Dios, estoy a punto de ir a ver esta película calificada para mayores, así que por favor protege mi mente". No funciona de esa manera.

Guardar algo significa escoger con cuidado las cosas que permitimos entrar. Eso es extra difícil con el entretenimiento, ya que a menudo nos bombardea a nivel emocional, un nivel en el que somos más vulnerable.

Supongamos que está en la universidad. Su maestro está muy a favor de la evolución pero usted no. Ya que sabe que el tema seguro que surgirá, cuando él comienza a hablar de Darwin usted al instante sitúa su guarda. No se cree ni una sola cosa de las que él dice hasta que pasa a otro tema.

Pero el entretenimiento funciona de modo distinto. Debido a que lo consumimos para nuestro disfrute, automáticamente bajamos la guardia de nuestro corazón. Mientras nos reímos y disfrutamos de lo que estamos viendo y oyendo, nuestro corazón sin guarda tiene mucha más probabilidad de aceptar ideas y conceptos que un corazón guardado rechazaría.

Mucho antes de la invención de la televisión, los teléfonos celulares con pantalla táctil o los proyectores de cine, el rey David observó sabiamente: "No pondré delante de mis ojos cosa injusta" (Salmos 101:3, RVR60). ¿Puede imaginar cómo cambiaría el mundo si los creyentes en todo el planeta aplicaran este pasaje a los entretenimientos que escogen?

Un amigo mío cree que todos deberíamos escribir este versículo en una tarjeta y ponerlo sobre o encima de nuestro televisor. ¡No es una mala idea! Pruebe a crear algunas tarjetas así como proyecto familiar; no solo para el televisor sino también para la computadora.

Principio 6 para transmitir: Hacer de la sabiduría su meta

Esta es una historia increíble pero verídica para contarles a sus hijos.

Una noche en un sueño, el Señor se apareció a Salomón y le dio la fantástica oportunidad de pedir cualquier cosa que quisiera (1 Reyes 3:4-10). En lugar de pedir fama, fortuna o la derrota de sus enemigos, Salomón pidió un corazón entendido y la capacidad de discernir entre lo bueno y lo malo. El Señor se agradó tanto con la petición de Salomón que le dio no solo discernimiento sino también las otras cosas.

Sin duda, fue necesario un poco de sabiduría para pedir sabiduría. ¿Y si la principal meta de su hijo fuese tener un corazón entendido? ¿Cómo se vería si ese discernimiento fuese aplicado hacia los medios de comunicación?

El primer paso para llegar hasta ahí es pedir, como hizo Salomón. ¿Podría usted sugerir esta petición de oración a sus hijos? Quizá ellos no tengan porque no han pedido.

Y no olvide que un poco de discernimiento conduce a más. En otras palabras, no tenemos lo completo de una sola vez; llega en etapas.

Proverbios 3:18 lo expresa de esta manera: "La senda de los justos se asemeja a los primeros albores de la aurora: su esplendor va en aumento hasta que el día alcanza su plenitud".

Me gusta la idea de "va en aumento". Me da esperanza de que el esplendor en el que mi familia y yo, caminamos parecerá tenue dentro de una década. ¡O al menos así debería ser!

Principio 7 para transmitir: Pensar de modo distinto

Incluso si sus hijos son jóvenes, probablemente necesiten nuevas maneras de pensar sobre las cosas que han visto y oído en los medios. Todos lo necesitamos. Aquí está el recordatorio de Pablo:

> Con respecto a la vida que antes llevaban, se les enseñó que debían quitarse el ropaje de la vieja naturaleza, la cual está corrompida por los deseos engañosos; ser renovados en la actitud de su mente; y ponerse el ropaje de la nueva naturaleza, creada a imagen de Dios, en verdadera justicia y santidad (Efesios 4:22-24).

Quitarnos nuestra vieja naturaleza y tener una nueva mente se hace más difícil cuando prestamos poca atención a nuestras decisiones sobre entretenimiento. O dicho de otra manera, es mucho más fácil lograr esas metas cuando nuestra mente está saturada de las ideas de Dios y no de las ideas de Hollywood.

La idea de tener una nueva actitud era tan importante para Pablo que la sacó a la luz cuando le escribió a los romanos: "No se amolden al mundo actual, sino sean transformados mediante la renovación de su mente. Así podrán comprobar cuál es la voluntad de Dios, buena, agradable y perfecta" (Romanos 12:2). Es difícil seguir el consejo de Pablo cuando permitimos que nuestro cerebro se quede en los deseos de "la vieja naturaleza" y sus suposiciones, un área en la cual los medios verdaderamente merecen una estantería llena de trofeos.

Sus hijos necesitan saber que si pertenecen a Jesús, tienen armas, armas espirituales, que puede hacer más fácil el proceso de renovación de la mente. A continuación está Pablo de nuevo:

> Pues aunque vivimos en el mundo, no libramos batallas como lo hace el mundo. Las armas con que luchamos no son del mundo, sino que tienen el poder divino para derribar fortalezas. Destruimos argumentos y toda altivez que se levanta contra

el conocimiento de Dios, y llevamos cautivo todo pensamiento para que se someta a Cristo (2 Corintios 10:3-5).

Me encantan estos versículos. Dicen con toda claridad que podemos hacer algo. No somos víctimas que tienen que caer inevitablemente en aceptar los valores de este mundo. Podemos llevar una bola de demolición a falsos frentes que se sitúan como firmes fundamentos. Yo, por mi parte, estoy contento de que nuestras familias no tengan que ondear la bandera blanca cuando medias verdades llegan llamando a nuestro cerebro y pidiendo aceptación.

Principio 8 para transmitir: Esperar una batalla

Seamos sinceros con nuestros hijos. Nada de esto es fácil. Y estos principios normalmente se comprenden con el tiempo, no al instante. No creo que lleguemos nunca al dominio total de los inquietantes pensamientos, inspirados por los medios o no, que invaden nuestra mente.

Pablo lo ilustró cuando habló de su propia batalla:

Sabemos, en efecto, que la ley es espiritual. Pero yo soy meramente humano, y estoy vendido como esclavo al pecado. No entiendo lo que me pasa, pues no hago lo que quiero, sino lo que aborrezco... Yo sé que en mí, es decir, en mi naturaleza pecaminosa, nada bueno habita. Aunque deseo hacer lo bueno, no soy capaz de hacerlo (Romanos 7:14-15, 18).

¿Qué? ¿*Pablo*? Él no era poco espiritual, ¿verdad? ¡Él era un gigante espiritual!

Bueno, sí y no. Según él mismo admitía, también estaba confundido, y sin duda frustrado a veces, con las cosas que se encontraba haciendo y no haciendo. Nuestros hijos necesitan saber eso.

También necesitan saber que la historia de Pablo no termina ahí. Él también encontró esperanza y libertad:

¡Soy un pobre miserable! ¿Quién me librará de este cuerpo mortal? ¡Gracias a Dios por medio de Jesucristo nuestro Señor! En conclusión, con la mente yo mismo me someto a la ley de Dios, pero mi naturaleza pecaminosa está sujeta a la ley del pecado. Por lo tanto, ya no hay ninguna condenación para los que están unidos a Cristo Jesús, pues por medio de él la ley del Espíritu de vida me ha liberado de la ley del pecado y de la muerte (Romanos 7:24-8:2).

Pelear esa batalla interior no evitaba que Pablo mantuviera y fomentara normas. En Efesios 5:3-4 les dijo a los creyentes: "ni siquiera debe mencionarse la inmoralidad sexual, ni ninguna clase de impureza" entre ellos. Él no aprobaba "palabras indecentes, conversaciones necias ni chistes groseros" en medio de ellos. Y en Efesios 5:11 él escribe: "No tengan nada que ver con las obras infructuosas de la oscuridad, sino más bien denúncienlas".

¿Batalla usted con las decisiones sobre el entretenimiento? No permita que sus imperfecciones eviten que aborde este tema con sus hijos. Sea el mejor ejemplo que pueda, pero no tire la toalla cuando resbale. Sea sincero acerca de sus errores, y siga señalando a sus hijos (y a usted mismo) hacia las normas de la Biblia.

Eso puede significar que su familia se quede en casa una noche de viernes cuando todos los demás se dirigen hacia el cine. O comprar un videojuego para todos los públicos cuando todos los demás están jugando a la última versión para mayores.

Si ha preparado a sus hijos para momentos como esos, será menos probable que se desate la siguiente guerra mundial. Eso significa enseñarles, tanto de manera casual como formal, principios como los que hay en este capítulo. Pablo le dice a Timoteo que necesita ejercitarse "en la piedad" (1 Timoteo 4:7). Como en el deporte, el entrenamiento es necesario. Eso significa duro trabajo y perseverancia, seguido por más entrenamiento.

Pero también como en el deporte, ponerse en forma espiritualmente ofrece un océano de recompensas.

Algunos versículos para memorizar

Aquí hay algunas escrituras que su hijo joven puede encontrar útiles a medida que se entrena para tener más sabiduría en cuanto a los medios. Podría incluso querer que se aprendan juntos de memoria algunos de ellos.

Sobre toda cosa guardada, guarda tu corazón; porque de él mana la vida (Proverbios 4:23, RVR60).

Aleja de tu boca la perversidad; aparta de tus labios las palabras corruptas (Proverbios 4:24).

Dichoso el hombre que no sigue el consejo de los malvados, ni se detiene en la senda de los pecadores ni cultiva la amistad de los blasfemos, sino que en la ley del Señor se deleita, y día y noche medita en ella (Salmos 1:1-2).

Si alguien quiere ser mi discípulo, que se niegue a sí mismo, lleve su cruz cada día y me siga (Lucas 9:23).

Con respecto a la vida que antes llevaban, se les enseñó que debían quitarse el ropaje de la vieja naturaleza, la cual está corrompida por los deseos engañosos (Efesios 4:22).

Hijo mío, conserva el buen juicio; no pierdas de vista la discreción (Proverbios 3:21).

Las armas con que luchamos no son del mundo, sino que tienen el poder divino para derribar fortalezas. Destruimos argumentos y toda altivez que se levanta contra el conocimiento de Dios, y llevamos cautivo todo pensamiento para que se someta a Cristo (2 Corintios 10:4-5).

No pondré delante de mis ojos cosa injusta. Aborrezco la obra de los que se desvían; ninguno de ellos se acercará a mí (Salmos 101:3, RVR60).

De la abundancia del corazón habla la boca. El que es bueno, de la bondad que atesora en el corazón saca el bien, pero el que es malo, de su maldad saca el mal. Pero yo les digo que en el día del juicio todos tendrán que dar cuenta de toda palabra ociosa que hayan pronunciado (Mateo 12:34-36).

No tengan nada que ver con las obras infructuosas de la oscuridad, sino más bien denúncienlas (Efesios 5:11).

No se amolden al mundo actual, sino sean transformados mediante la renovación de su mente. Así podrán comprobar cuál es la voluntad de Dios, buena, agradable y perfecta (Romanos 12:2).

Cuídense de que nadie los cautive con la vana y engañosa filosofía que sigue tradiciones humanas, la que va de acuerdo con los principios de este mundo y no conforme a Cristo (Colosenses 2:8).

Por último, hermanos, consideren bien todo lo verdadero, todo lo respetable, todo lo justo, todo lo puro, todo lo amable, todo lo digno de admiración, en fin, todo lo que sea excelente o merezca elogio (Filipenses 4:8).

seis

Diez cosas que puede hacer para poner fin a las peleas sobre entretenimiento familiar

¿Recuerda a "Juan" del capítulo 1?

Él era el papá que quería que yo fuese el árbitro de la batalla que surgió cuando él demandó que su hija de 15 años dejase de ver un programa en el canal Disney Channel que le ponía incómodo, aunque no conocía mucho al respecto.

"Sencillamente no me gusta eso entre chico y chica" en ese programa, dijo.

Su hija comenzó a llorar y su esposa la llevó aparte. Se suponía que yo desatase el nudo entre los cónyuges.

¿Qué piensa usted? ¿Tenía razón Juan al pedir a su hija que apagase el programa? ¿Reaccionó en exceso su esposa?

El veredicto

Mi amigo Juan quería que yo dijese: "Tenías razón al hacer que tu hija apagase la televisión", pero yo no lo veía de ese modo. De hecho, un problema mucho mayor se estaba desarrollando en su hogar, y yo se lo dije.

Él se arriesgaba a aislar a su hija gritándole órdenes, sin mostrarle afecto paternal y sin comunicarle que su profundo amor por Cristo era su motivación subyacente. De hecho, en realidad no estoy seguro de que el amor que él tenía por el Señor *fuese* su principal motivación. Creo que estaba más en la línea de: "No quiero que mi hija sea promiscua, y este programa de televisión sin duda no apoya la pureza.

Resultó que el programa que preocupaba a Juan era bastante inocuo. No era perfecto, pero no justificaba su exabrupto. Le aconsejé que grabase algunos episodios y los viese con su hija, explicando cualquier preocupación que él pudiera tener.

Principalmente, sin embargo, Juan necesitaba asegurarse de que su hija supiera lo mucho que él la valoraba. Necesitaba explicarle que tener normas sobre medios de comunicación en su casa era un expresión natural de ese amor. También necesitaba admitir que aunque la fuerza impulsora que había tras sus actos puede que hubiera sido noble, su ejecución dejó mucho que desear. Eso condujo a otra necesidad más: disculparse.

La reacción excesiva de Juan ante lo que su hija veía en televisión es un recordatorio de que incluso aunque formar a nuestros hijos para que sean sabios en el entretenimiento es una importante habilidad en la vida, cualquier intento de lograr eso duramente con límites firmes y no explicados es contraproducente.

Cuando se hace bien, enseñar discernimiento ayuda a nuestros hijos a tomar mejores decisiones durante toda la vida, y no solo mientras estén bajo nuestro techo. Eso es importante porque nuevo entretenimiento llega cada día, y los artilugios y aparatos de comunicación cambian casi tan rápidamente. Sin embargo, independientemente de lo que lidere las listas o los sistemas que se utilicen para disfrutarlas, la situación de Juan demuestra que incluso las mejores normas deben ser ejecutadas con amor.

Haya tenido o no una fricción parecida con su hijo o su hija, considere utilizar el método de grabar, ver y dialogar que yo le sugerí a Juan. En otras palabras, entre en el mundo del entretenimiento de su hijo. Llegue a familiarizarse con sus cosas favoritas y las de sus amigos, y por qué tienen un lugar tan alto en la lista. No hay necesidad de considerar el consumo de medios de su hijo como un lugar secreto con un gran cartel encima de la entrada que dice "No se permiten padres". Concédase a usted mismo permiso para entrar, de manera amable y amorosa.

Diez consejos principales

Además de entrar en el mundo del entretenimiento de su hijo, ¿cómo puede ayudarle a trazar un curso para sortear las minas actuales en el entretenimiento y la tecnología, sin causar estragos en su relación? Utilizando el amor como guía, me gustaría sugerir 10 pasos prácticos que puede usted dar.

Consejo 1: Tomar decisiones basadas en la perspectiva de Dios

Estaba yo con algunos amigos cristianos hace algún tiempo, y como sucede a menudo, la conversación giró en torno al cine, incluyendo una película censurable calificada para mayores. Me dijeron que me tapase las orejas para no ser ofendido por la perspectiva positiva que tenía uno de los amigos sobre la película.

Sencillamente observé: "No importa lo que yo piense, importa lo que el Señor piense". Afortunadamente, esa persona tomó mi comentario en el espíritu con el cual yo tenía intención de decirlo, no para condenar sino para hacer pensar. Después él me dijo que mis palabras le ayudaron realizar cambios en sus hábitos de ver películas.

Nuestros pensamientos sobre el consumo de entretenimiento deberían estar determinados por los pensamientos de Dios, no al contrario. Aunque esta idea es clara, mi experiencia me dice que ponerla en práctica puede ser engañoso porque muchas personas de fe consideran solamente lo siguiente: *¿Creo que* disfrutaré *de esta película, programa, página web, juego de video, canción, libro o revista?*

Eso no es decir que tomar buenas decisiones en cuanto a los medios sea fácil. Incluso creyentes fuertes y maduros encuentran que navegar por las sucias aguas es en cierto modo una zona gris. Admitiré que yo soy una persona del tipo "blanco o negro" llamada a realizar llamamientos al juicio sobre medios con frecuencia poco claros. Prefiero mucho más temas que claramente sean buenos o malos, estén dentro o fuera de los límites, sean positivos o negativos. El entretenimiento actual con frecuencia no encaja claramente en esas categorías.

Por ejemplo, ¿debería una única blasfemia ser razón suficiente para que un joven de 17 años evite cierta película? ¿Y un niño de siete años? ¿Cuánta violencia es demasiada? ¿Es una hora diaria de juego de video excesiva? Incluso entre cristianos bien intencionados, no hay consenso.

Yo creo, sin embargo, que aunque Dios quiere que seamos felices, en un estrecho paso montañoso la *santidad* tiene preferencia. Jesús dijo: "Si ustedes me aman, obedecerán mis mandamientos" (Juan 14:15). Él también señaló que quienes le siguen deberían "negarse" a sí mismos y tomar su cruz (Lucas 9:23). La obediencia es la prioridad de Dios. Cuando nuestros hijos acepten este concepto, les ayuda a decir "no" a productos problemáticos de los medios, incluso cuando sus amigos estén diciendo "sí". Cuando estar entretenido se valora por encima de honrar al Señor, nos hemos desviado a territorio peligroso, y polémico.

Consejo 2: Enseñar QHJ

Es viernes en la noche. La tan esperada película, que seguramente será un éxito de taquilla, comienza cada 30 minutos en el cine local. Su hijo mayor suplica ir porque "todos" sus amigos estarán allí. Su hija ha sido invitada a una fiesta de pijamas donde cierta comedia romántica es la principal atracción. Su hijo pequeño habla sin parar de un nuevo y popular grupo que les gusta a sus amigos. Usted solo quiere relajarse con su cónyuge, hacer unas palomitas y ver una nueva película rentada.

¿Cómo toman decisiones usted y su familia acerca de esas oportunidades de entretenimiento y saber en su corazón que ha tomado las correctas? ¿Hay alguna pauta clara que todos puedan ponerse de acuerdo en seguir?

Aunque hay factores como lo apropiado para la edad, la madurez espiritual y la posibilidad de ser una "piedra de tropiezo" para un hermano (Romanos 14:13), creo que la mejor de las decisiones sobre los medios pueden operarse haciendo la pregunta popularizada hace más de una década por las pulseras QHJ (¿Qué haría Jesús? o WWJD, por sus siglas en inglés). La moda puede que sea pasajera, pero el principio que hay detrás de ella nunca lo será.

Yo realmente prefiero una versión ampliada de la pregunta, algo como lo siguiente: "Si Jesús estuviera caminando por el planeta actualmente con sus 12 discípulos, ¿cómo respondería si Pedro, Juan o Mateo le preguntasen si podían ver o escuchar [rellene este espacio aquí]?". O: "¿Y si jugamos a este juego de video?".

Esas son preguntas que siempre deberíamos hacer antes de escoger un entretenimiento. Y son preguntas que también necesitamos formar a nuestros hijos para que las hagan.

Ayude a su hijo o a su hija a entender que la respuesta de Cristo a esas preguntas estaría basada totalmente en su *amor* por sus discípulos, y no en el deseo de estropearles la diversión. Ninguno de nosotros sabe lo que Jesús haría o diría en cada situación, pero es nuestra tarea formar a nuestros hijos para que busquen en oración lo que *probablemente* haría Él basándose en su santidad y su carácter.

Consejo 3: Infundir principios bíblicos

Pedro, Santiago, Juan, Abraham y Moisés no tenían que preocuparse por qué películas sus hijos podrían ver, qué canciones estaría haciendo sonar el DJ en la escuela de danza o qué programas de televisión podrían estar viendo sus hijas en sus teléfonos celulares. Tampoco se enfrentaban a los desafíos de los mensajes de texto, YouTube, Facebook, Twitter, Second Life, Hulu o Pandora.

Pero como ya he mencionado, aunque la Biblia nunca dice: "No escucharás gangsta rap", está llena de pasajes para ayudarnos a navegar por la cultura. Es el lugar donde acudir cuando esté buscando respuestas autoritativas, un lugar mucho mejor que las frases: "Porque lo digo yo" o "Me estás avergonzando delante de todos los otros padres en la iglesia".

Sus hijos puede que no estén acostumbrados a consultar las Escrituras acerca de sus decisiones de entretenimiento. Después de todo, el 91 por ciento de los adolescentes que dicen que son "nacidos de nuevo" toman decisiones morales por otros medios aparte de la verdad absoluta de Dios; la mayoría de ellos dicen que utilizan sus "sentimientos".[1] Pero es un hábito que usted puede fomentar, y que podría incluso ayudar a evitar que surjan batallas en cuanto a entretenimiento cuando padres e hijos confían únicamente en las preferencias y opiniones personales.

¿Cómo puede ayudar a sus hijos a formar ese hábito de pensar bíblicamente sobre temas como el entretenimiento? Si sus hijos son preadolescentes o adolescentes, esta es una manera:

Designar una silla de ética. Algunas universidades crean una "silla", o una oficina de un experto designado, sobre temas como la ética. Usted puede hacer lo mismo en su casa, designando una de las sillas de su mesa de la cena como la "silla de la ética". Que una persona distinta se siente en la silla cada noche durante una semana; él o ella debe sopesar lo bueno y lo malo de temas que se discutan en la mesa. Otros miembros de la familia son libres para hablar también sobre ética, pero la "persona de la silla" se asegura de que al menos se plantee un tema moral en cada comida. Si su "experto" adopta una postura cuestionable, resista el impulso de desautorizarle; simplemente pídale que explique cómo encaja su postura en lo que la Biblia dice.[2]

Consejo 4: Ser ejemplo

Nada estropea más la eficacia de un mensaje de discernimiento de los medios como un padre o una madre que no practique lo que predica. Si su hijo sabe que usted no está aplicando esos principios a sus propias decisiones en cuanto a entretenimiento, está usted pidiendo una pelea. La mayoría de jóvenes, especialmente los adolescentes, detectan la hipocresía cuando la ven, y no la respetan.

Pero ningún padre terrenal es perfectamente coherente. Entonces, ¿cómo puede ser un anuncio andante para tomar buenas decisiones en cuanto a entretenimiento? El autor y pastor Chip Ingram conoce la importancia de ser ejemplo, pero nos alienta a no esperar lo imposible de nosotros mismos:

> ¿Puede imaginar sentar a sus hijos en el sofá, mirarlos a los ojos y decir: "Quiero que sean como yo. Quiero que hablen como yo hablo, que conduzcan como yo conduzco, que coman y beban como yo como y bebo, que vean el tipo de programas que yo veo, que administren su dinero como yo administro mi dinero, que equilibren trabajo y descanso como yo equilibro trabajo y descanso, y que manejen su ira como yo manejo la mía"? ¿Se sentiría cómodo al darles ese tipo de instrucción? Si no, la decisión parental más profunda que jamás tomará será cómo responder a lo que acaba de leer.
>
> ¿Puede imaginar la diferencia para toda la vida que podría usted marcar en las vidas de sus hijos si se detuviera en este momento para identificar los atributos que se siente incómodo de transmitirles y después comenzase sistemáticamente a permitir que esos atributos sean conformados a Cristo? Debe usted llegar a ser aquello que quiere que sus hijos lleguen a ser.
>
> Si una responsabilidad tan pesada le hace sentir una enorme cantidad de presión, permítame alentarle. De hecho, usted no podría transmitir perfección a sus hijos aunque quisiera; ellos son seres humanos caídos, al igual que lo somos usted y yo. Lo que sí *puede* hacer, sin embargo, es demostrar lo piadosamente que se manejan las personas cuando estropean las cosas. La autenticidad es la meta, no la perfección. Permita que ellos vean cómo maneja usted el fracaso al igual que su modo de manejar el éxito. Puede usted demostrar lo que significa arrepentirse, confesar, aceptar humildemente la responsabilidad de sus errores, y pedir perdón. De hecho, pedir perdón a sus hijos por un error es una de las herramientas de enseñanza más poderosas que usted tiene. No se trata de tenerlo todo solucionado; se trata de practicar lo que usted cree cada día y responder adecuadamente cuando comete

un error. Es imposible que usted sea perfecto para sus hijos, pero *cualquiera* puede ser auténtico.[3]

Permita que sus hijos le vean tomar decisiones en cuanto a los medios. Si no puede explicarles por qué está bien que renten ese DVD o que descarguen esa canción, o que frecuenten esa página web, puede que necesite tomar una mejor decisión. Ser tan coherente como pueda les da a sus hijos una cosa menos sobre la que discutir.

Consejo 5: Tenga a bordo a sus pastores

Cuando sus hijos oigan a otras personas, como pastores, padres o maestros, hacerse eco de sus consejos sobre entretenimiento, puede que estén más dispuestos a escuchar.

Aliente a su pastor de jóvenes a programar una noche de padres/hijos para hablar del tema de Cristo en las decisiones sobre entretenimiento. Pregunte al responsable de su ministerio de niños si tomar buenas decisiones en cuanto a medios podría ser parte de las materias de la escuela dominical o la iglesia para niños. Hable con su pastor principal sobre incluir este tema en sus planes; un sermón o dos al año contribuirán en gran medida.

Consejo 6: Desarrollar una Constitución familiar sobre medios

Una cosa es hablar de discernimiento sobre los medios. Otra cosa es detallar las expectativas por escrito.

Una constitución familiar escrita sobre medios y situada en un lugar destacado sirve como un constante recordatorio de su importancia. Yo también sugeriría explorar este tema en sus devocionales familiares o sus reuniones familiares al menos dos veces al año.

Hablaré más sobre este tema en un capítulo posterior. Por ahora, podría comenzar a pensar en formar un comité constitucional, y considerar lo que su familia cree que es más valioso, agradable y peligroso con respecto al entretenimiento.

Consejo 7: Fomentar alternativas positivas

Nuestro Creador no está en contra del entretenimiento. Las artes y los medios de comunicación no son inherentemente malvados. Es raro el individuo a quien Dios llama a desechar la televisión, escuchar música escrita solamente por Handel, y nunca atravesar la puerta del cine o la tienda de videos del barrio.

Pocas familias pueden establecer y mantener tales límites austeros en cuanto a los medios y tener éxito. Muchos (aunque no todos) de quienes recorren esta ruta tan solo dan a sus hijos munición para la rebelión, especialmente cuando se van de casa para estudiar en la universidad o trabajar. Estoy convencido de que el enfoque práctico para la mayoría de nosotros es encontrar alternativas constructivas de entretenimiento.

No quiero decir que el entretenimiento tenga que ser "cristiano" para recibir aprobación. Realmente hay tres tipos de expresión artística: positiva (que generalmente incluye medios con una perspectiva cristiana), neutral y censurable. Los dos primeros son los que deberíamos buscar; el último es el tipo que deberíamos evitar.

Pero ¿qué quiero decir con estas tres clasificaciones? El entretenimiento positivo es el que inspira, edifica, levanta y motiva a quien escucha o ve a hacer algo que mejore este mundo, a otro individuo o a uno mismo. Podría ser una canción que fomente el perdón, condene el abuso conyugal o dé un empuje al voluntariado. Podría ser un programa de televisión que subraye la alegría de remodelar un hogar dilapidado para lograr hacer que sea más accesible para una persona que va en silla de ruedas.

El entretenimiento censurable es lo contrario. Los ejemplos abundan, ya que este tipo fomenta orgullo, egoísmo, inmoralidad, rebelión, avaricia y consumo de drogas, retratando con frecuencia estas conductas como glamurosas, divertidas y beneficiosas.

¿Y el entretenimiento "neutro"? Lo explicaré de esta manera: del lado de la música, piense en una canción con letra que podría decir algo como: "Le miré a los ojos, y ella a los míos/y caminamos por la playa agarrados de la mano". Esas frases amorosas no van a producir la paz mundial, pero tampoco hay nada de malo en las ideas propuestas en ellas.

Con estas categorías en mente, hablemos como familia de lo que constituye entretenimiento positivo y neutral adecuado, y cómo encontrar esos tipos.

Consejo 8: Considerar "Noches de cine"

Enfoque a la Familia ha publicado tres libros de *Movie Nights* (Noches de cine), explorando películas dominantes de calidad que podría ver con sus hijos como un trampolín divertido para que después se produzca una discusión sana y positiva. Versiones más nuevas e imprimibles de muchas guías de discusión *Movie Nights* están disponibles en pluggedin.com para utilizarlas con adolescentes e hijos pequeños, y se añaden más regularmente.

Piense en "Noches de cine" como un mini currículo pensado para ayudar a las familias a hablar de verdad espiritual, utilizando las "parábolas" que se encuentran en ciertas películas populares. Por ejemplo, a continuación están algunas de las preguntas de discusión para *Toy Story 2* enumeradas en el libro *Movie Nights for Kids*:

- Cuando Andy deja atrás a Woody, Woody sueña que Andy dice: "Estás roto. Ya no quiero jugar contigo más". ¿Cómo tiende la mayoría de los niños a tratar a otros que tienen algo "incorrecto" en ellos? Lea Mateo 25:31-40. ¿Cómo creen que Dios quiere tratar a las personas que están "quebrantadas"?
- Wheezy el pingüino, que está en la estantería porque su altavoz no funciona, dice: "Todos estamos a punto" de ser vendidos en una venta de objetos de segunda mano. ¿Qué creen que quiere decir con eso? ¿Es así como Dios se siente con respecto a nosotros, siempre listo para castigarnos o para desecharnos si no le agradamos? Lea 1 Juan 1:9 y 1 Juan 4:16-19 para descubrirlo.
- Cuando Al hace ese último anuncio con su traje de pollo, ¿por qué está llorando? Si las cosas hubieran sido diferentes y hubiera vendido a Woody y a los otros juguetes, ¿creen que habría sido feliz? ¿Por cuánto tiempo? Lea la historia de Jesús sobre el hombre avaricioso en Lucas 12:15:21. ¿En qué se parece este hombre a Al?[4]

Hay incluso sugerencias para un viaje de campo a una juguetería antes de la película, un proyecto de servicios después de la película (al regalar juguetes que ya no se utilizan) y una búsqueda del tesoro con fotografías (tomar fotografías de las cosas más valiosas en su hogar: personas), mas preguntas fuera de escena sobre dos voces presentadas en la película. ¡Eso supera a discutir sobre películas cualquier día dado! Para probar una "noche de cine" con sus hijos, visite pluggedin.com, escoja una película e imprima una guía de discusión.

Consejo 9: Utilizar el sistema de compañeros

Mi propia hija, que ahora sirve con su esposo que es pastor de jóvenes, agudizó su capacidad de discernimiento al enseñar sobre el tema para estudiantes de primaria en nuestra iglesia. Pero antes de agarrar el micrófono, consiguió la ayuda de una buena amiga de la universidad, una muchacha que compartía su compromiso a honrar al Señor en esta área. Les resultó mucho más fácil recorrer este camino juntas que solas. Hierro con hierro se aguza (Proverbios 27:17).

Amigos así no son fáciles de encontrar, pero vale la pena intentar ayudar a su hijo o su hija a buscar también "hierro" en su vida. Cuando su hijo o su hija oigan de un compañero que el discernimiento en cuanto a los medios tiene valor, puede que usted se sienta menos bajo asedio, y menos propenso a pasar a modo batalla.

Consejo 10: Evitar los extremos

Muchos padres adoptan un enfoque "todo o nada", en lugar de enseñar y reforzar los principios bíblicos en una base caso por caso. Estas mamás y papás tienden a pasar de un extremo al otro, algo que es fácil de hacer.

El primer extremo es la permisibilidad. Algunos padres aparentemente no saben decir no a sus hijos. Quieren con tanta fuerza caer bien a sus hijos que rara vez se arriesgan a poner límites. Adoptan la filosofía del "todo vale": ningún límite, todo está bien, haz lo que quieras. Este enfoque conduce a la "exposición indecente" mientras los niños vagan sin dirección y con ojos abiertos como platos recorriendo los atractivos de la cultura. No debemos cometer este error común; tenemos que ser padres que sepan cómo y cuándo decir no.

El otro extremo es el legalismo. Los padres que están en este lado del espectro rara vez explican sus decisiones, pero lo primero que sale de sus bocas es "no".

"Papá, ¿puedo ir a ver la película XYZ?".

"¡No!".

"¿Puedo escuchar música cristiana contemporánea?".

"¡No!".

"Mamá, ¿puedo comprar una consola de videojuegos?".

"¡No!".

Este tipo de crianza pretende tratarse de salvaguardar. No es así. Este enfoque puede simplificar las decisiones de compra del entretenimiento, pero también puede fomentar rebelión. Los jóvenes con frecuencia aguardan su momento, a la esperar del día en que puedan probar el fruto prohibido de la industria del entretenimiento: "Tan solo espera hasta que me vaya algún día, y escucharé y veré lo que quiera". Cuando se van a la universidad o a su carrera, esta actitud puede traducirse en decisiones poco sabias. Por eso también necesitamos ser padres que puedan decir sí cuando sea legítimo.

Ninguno de extremos funciona. Un terreno medio de discernimiento, que pruebe el entretenimiento según las normas bíblicas, es el plan de acción más razonable y protector. Enseñar discernimiento fomenta el equilibrio, conduce al pensamiento crítico, une las familias y da a los adolescentes capacidades en la vida que desempeñarán en la edad adulta.

Salir del conflicto con la palabra

Tener desacuerdos no es lo mismo que tener peleas, y lo primero no tiene que conducir a lo segundo. Eso es cierto cuando se trata de peinados y comida basura, y es cierto en cuanto a las decisiones de entretenimiento.

¿Cómo puede echar aceite sobre las aguas turbulentas de un conflicto sobre entretenimiento? Los autores Joe White y Lissa Johnson, en su libro *Sticking with Your Teen*, ofrecen el siguiente consejo. Si su hijo aún no es adolescente, no se preocupe. La mayoría de consejos son adaptables para criar hijos más pequeños; e incluso para mantener el ritmo con el cónyuge.

Las confrontaciones suceden prácticamente en todos los hogares, pero están garantizadas cuando usted y su hijo adolescente no están cerca. ¿Cómo puede comunicarse de manera que les ayude a conectar de nuevo?

Aquí hay una docena de consejos para salir del conflicto con la palabra:

1. *Comenzar fuerte*. Los psicólogos dicen que los primeros tres minutos de conversación generalmente dictan cómo irá el resto. Comience una confrontación con una voz suave y respeto por su hijo adolescente, y es probable que la confrontación sea más productiva y menos destructiva. Como testifica un adolescente: "Mi mamá y yo teníamos una comunicación eficaz porque me trataba como un igual. No en términos de quién estaba a cargo (eso estaba claro), sino en que yo tenía voz".

2. *Dejar que su adolescente hable primero.* Los jóvenes a quienes encuestamos dijeron que si tienen la oportunidad de hablar primero, son más receptivos a lo que digan sus padres. Cuando los adolescentes pueden expresar su opinión, normalmente están dispuestos a escuchar al otro lado.

3. *No interrumpir.* Es tentador meterse y reaccionar a algo que su adolescente acaba de decir, pero una muchacha describió cómo ve eso desde su punto de vista: "Mis padres a veces me interrumpen y me sermonean/gritan. Entonces mientras ellos hablan y yo quiero introducir una palabra, me gritan por interrumpir. Es realmente injusto". Si cualquiera de ustedes tiende a hablar sin parar, pongan un cronómetro durante dos o tres minutos y hablen por turnos.

4. *Vigilar su tono de voz y lenguaje corporal.* Modele lo que quiere que su hijo adolescente haga. Cuanto los padres gritan, utilizan el sarcasmo o señalan con el dedo, los jóvenes suponen que está bien que ellos hagan lo mismo. También pasan a modo protector y se sitúan en posición de "pelea". Si usted llega a enojarse, utilice un tono de voz más calmado. Si no es otra cosa, su adolescente tendrá que escuchar con más atención para oírle.

5. *Explicar lo que usted quiere y por qué.* Algunos adolescentes dicen que sencillamente no entienden lo que sus padres les piden que hagan. Haga que su adolescente repita lo que usted le haya dicho. Explique las razones de su petición o de sus normas. Por ejemplo: "Entiendo que te gustaría ir con tus amigos al concierto, pero has estado quedándote hasta tarde cada noche esta semana y apenas puedes levantarte de la cama en la mañana. Eso no es bueno para ti ni para tu trabajo en la escuela. Quizá la próxima vez".

6. *Pelear limpio.* No se pongan nombres. Aférrense al tema que estén hablando. No arrastren errores del pasado. Eviten las palabras "siempre" y "nunca", y no compare a su hijo o hija adolescente con nadie, esté vivo o muerto, relacionado o no relacionado.

7. *No golpear la cabeza de su adolescente con versículos de la Biblia o conceptos bíblicos.* Claro que es crucial transmitir principios de la Palabra de Dios a su hijo; pero la mayoría de discusiones no se califican como "momentos de enseñanza". Su adolescente no

estará demasiado receptivo si usted declara: "No me importa si te hace parecer un tonto. Te pondrás esa camiseta color naranja para ir a la escuela porque la Biblia dice que obedezcas a tus padres. Además, ¡la vanidad es un pecado!".

8. *Dar peso a los sentimientos y opiniones de su adolescente.* Puede que piense que es sencillamente "realista" decirle a su hijo: "Así que las muchachas dijeron cosas mezquinas de ti. Olvídalo. Tienes que acostumbrarte a que las personas hagan eso". En lugar de sentir que acaba preparar su hijo para el mundo real, sin embargo, él se sentirá menospreciado y malentendido.

9. *No intentar controlar el lado de la confrontación de su adolescente.* ¡No funciona! Digamos que su hijo o su hija le está "hablando descaradamente". Podría usted responder: "¡No me vas a hablar así!". No es un buen movimiento, ya que una afirmación como esa le desafía a demostrar que él, y no usted, controla su lengua. En cambio, podría decir: "Estaré feliz de escucharte cuando me hables con más respeto". Ahora está diciendo lo que *usted* hará: algo que usted *puede* controlar.

10. *Mantener los problemas en perspectiva.* ¿Cuán importante es esa pelea, de todos modos? ¿Es posible trabajar hacia una solución en la que todos ganen, o al menos con la que todos puedan vivir? ¿Está escogiendo sus batallas sabiamente? Defienda los valores que son más importantes para usted y para el bienestar de su hijo adolescente, pero considere la flexibilidad en asuntos menores.

11. *Tomar un respiro cuando sea necesario.* Si usted o su adolescente se están enredando demasiado, tomen tiempo muerto. No hace daño a nadie dejar un conflicto en espera hasta que las personas se calmen.

12. *Cuando la conversación fracase, escribir una carta.* Escribir le da tiempo para examinar sus pensamientos y expresarse con detalle. Da su adolescente tiempo para responder en lugar de reaccionar a la defensiva. Un cuaderno que se entregue de un lado al otro también puede funcionar, e igualmente los correos electrónicos. Eso es lo que una mamá y papá descubrieron cuando su hijo de 13 años quería ver una película calificada para mayores; ellos le decían que no, y él seguía discutiendo. Finalmente, mamá me escribió un correo electrónico explicando sus motivos. El muchacho nunca volvió a preguntar, y parecía

más cálido hacia sus padres de lo que había estado en bastante tiempo.[5]

Los desacuerdos pueden ser saludables. Toda su familia puede acercarse más al tratar cuidadosamente y amorosamente las diferencias de opinión en cuanto a los medios de comunicación. Una poderosa manera de hacerlo es escribiendo una Constitución familiar sobre entretenimiento, como verá en el capítulo siguiente.

siete

Su Constitución familiar sobre entretenimiento

Recientemente contraté a un pintor profesional al que no conocía. Nunca había escuchado el nombre de la empresa.

La primera vez que vi a la dueña de la empresa fue cuando ella llegó a mi casa. Recorrimos la casa mientras yo explicaba lo que quería, señalando aspectos del exterior de mi casa que necesitaban atención. Ella llamó un día después, me dio un presupuesto por teléfono y yo estuve de acuerdo. No pusimos nada por escrito.

Afortunadamente, todo salió bien, ¡pero no recomiendo hacer negocios de esa manera! Yo sabía que podría haber sido desastroso. Sin embargo, no insistí en un contrato por escrito, y la dueña tampoco me pidió que firmase algo en lo cual nos pusiéramos de acuerdo en los términos.

Quizá esté pensando: *¿Por qué hizo eso?* Sigo sin estar seguro. Realmente sé hacer las cosas mejor.

Cuando se trata de dinámicas familiares en cuanto a los medios, la mayoría de nosotros, incluso quienes nos preocupamos por normas de entretenimiento, operamos como yo lo hice con aquella empresa. No hay nada por escrito.

Hay una mejor manera. Me gustaría sugerir poner por escrito sus expectativas y pensamientos. Hay algo con respecto a un acuerdo por escrito que puede ayudarles a usted y a sus hijos a saber lo que se espera.

Eso es lo que hizo mi familia. Sí, me alegra decir que hicimos un trabajo mejor a la hora de crear un contrato por escrito para mi familia sobre entretenimiento que el que yo hice al crear algo por escrito para la pintura de mi casa.

Todo en la familia

En febrero de 2002, los Waliszewski estaban atípicamente pegados al televisor. ¿La razón? Los Juegos Olímpicos de Invierno. Vimos a Derek

Parra ganar la medalla de oro en los 1500 masculinos de esquí de velocidad. Vimos la "caída" planeada de los bailarines de patinaje Victor Kraatz y Shae-Lynn Borne. Y vimos la salida de Sarah Hughes después de la victoria para hacerse con el oro en patinaje artístico.

Después de todas aquellas horas de ver patinaje sobre hielo, observé algo inusual: incluso mi esposa, Leesa, podía ser influenciada por los medios.

Técnicamente, eso no fue una sorpresa; creo que *todos* pueden ser influenciados por el entretenimiento. Es simplemente que Leesa había sido muy cuidadosa en cuanto a sus decisiones de entretenimiento a lo largo de nuestro matrimonio.

Cuando otro grupo de medallistas estaba en pie durante el himno nacional, Leesa anunció: "Quiero ir a patinar sobre hielo este fin de semana". No era necesario ser un genio de la ciencia para descubrir de dónde había llegado ese pensamiento, especialmente considerando que habían pasado años desde la última vez que ella se deslizó sobre cuchillas en el hielo.

No hay nada de malo en ser influenciado de esta manera, desde luego. Ojalá el entretenimiento pudiera conducirnos a todos a practicar esquí sobre hielo, esquí campo a través, ¡o *snowboard*! Muchos de nosotros escuchamos la radio cristiana, leemos libros y revistas cristianos, y visitamos páginas web cristianas porque *queremos* ser influenciados por ellos. Vemos valor en ser motivados para mejorar nosotros mismos.

Pero ¿qué habría sucedido si mi familia hubiera estado viendo en cambio escabrosas comedias? Sus mensajes poco sanos probablemente habrían deshecho mucha enseñanza piadosa.

Por eso mi familia no se detuvo en hacer un compromiso teórico en las normas de entretenimiento que honra a Dios. Dimos el paso adicional de adoptar una Constitución familiar para nuestras decisiones en cuanto a los medios.

Cómo lo hicimos nosotros

¿Por qué una Constitución familiar? En primer lugar, mi esposa y yo nunca hemos su puesto que nuestros dos hijos automáticamente practicarían un sabio discernimiento cuando se fueran de casa. Pero sí creíamos que podíamos ayudar a cultivar un hambre de hacer las cosas a la manera de Dios. Una Constitución familiar aumenta el apetito de la persona por la justicia, porque los hijos ven a sus padres practicar y modelar su importancia.

Además, hay algo poderoso en prometer por escrito que ayuda a sellar cualquier decisión, por no mencionar el factor de la responsabilidad.

Suponiendo que está usted pensando: *Yo podría hacer eso*, permítame llevarle por el momento de firma de mi familia.

La nuestra no fue una ceremonia elaborada. No hubo encendido de la antorcha, ni redoble de tambores; solo un sencillo (y relativamente breve) tiempo juntos. Mientras todos estábamos reunidos en torno a la mesa de la cena, yo anuncié (Leesa lo sabía de antemano) que quería que prometiésemos honrar a Cristo en nuestras decisiones de entretenimiento. También quería que selláramos ese compromiso al firmar uno de los documentos "Pacto familiar para honrar a Dios en las decisiones de entretenimiento" que escribí para *Plugged In* (una versión "apta para enmarcar" puede encontrarse en http://www.pluggedin .com/familyroom/articles/2008/afamilycovenantforgodhonoringmedia choices.aspx).

Después de leer el documento en voz alta, tomamos turnos en la mesa para orar por nuestro compromiso. Después lo firmamos. Fue así de sencillo.

Al mirar atrás a este hito familiar, estoy convencido de que dio sus dividendos. No porque todos sintiéramos mariposas en el estómago y nos fuéramos con una ráfaga emocional, sino porque fue lo correcto que debíamos hacer y todos lo tomamos en serio.

Aun así, permítame advertirle: no espere que sus hijos demuestren un gran entusiasmo por la idea antes de proceder. No espere que ellos se entusiasmen por "la maravilla de todo eso". Es probable que no sea así.

Piense en ello no como en dividir el mar Rojo, sino una ligera réplica de la práctica del Antiguo Testamento de levantar una piedra memorial. Después de todo, el poder de esta promesa está en la evidencia concreta, el documento con firmas, la responsabilidad que produce y el recordatorio que supone.

Aunque he incluido en este capítulo las palabras que mi familia utilizó, puede que usted quiera escribir las suyas propias. O puede que decida modificar las que he citado aquí. Quizá quiera pensar en los detalles durante varios días y dar una oportunidad al Señor para hablarle sobre el asunto. Le ayudará a solucionar esas "áreas grises". Es también importante que usted y su cónyuge tengan un mismo sentir cuando amorosamente establezcan la ley (después de todo, les corresponderá a *los dos* ponerla en práctica).

Manténgase firme. Deje claro que todos los miembros de la familia están sujetos a los nuevos límites establecidos. Esta puede ser una tarea especialmente abrumadora sin su cónyuge no comparte su visión en cuanto a la pureza del entretenimiento, o si es usted padre o madre soltera cuyo hijo pasa tiempo con un excónyuge permisivo. En tales casos, pida que sus normas sean respetadas, ore por todos los involucrados, y cuando sea necesario busque una tercera parte neutral como mediador.

Cualquiera que sea su situación parental, espero que haga esto, y que no pase a la ligera por este capítulo con un: "Ahhh. Esa podría ser una buena idea". Cuando una Constitución familiar sobre medios está por escrito y firmada, sus hijos tendrán mucha más probabilidad de comprar patines de hielo que las mentiras destructivas de Hollywood.

Aquí está la promesa que yo escribí:

Como miembros de la familia comprometidos con el señorío de Jesucristo y que quieren practicar la santidad personal como Él ordena, prometemos desde este día en adelante honrar a Dios en nuestras decisiones sobre entretenimiento. A pesar de las malas decisiones que puede que hayamos tomado en el pasado, deseamos asegurar las bendiciones que provienen de la obediencia. Debido a que consideramos que ciertos tipos de entretenimiento son espiritualmente poco sanos, pedimos al Padre celestial que nos guíe y nos fortalezca a medida que trabajamos hacia tomar sabias decisiones, poniendo todo nuestro esfuerzo para ser imitadores de Dios mediante la capacitación del Espíritu Santo.

Sabiendo que Dios dice: "Sobre toda cosa guardada, guarda tu corazón" (Proverbios 4:23, RVR60), prometemos guardar nuestros corazones de influencias dañinas de los medios (música, películas, videos, internet, revistas, libros, televisión, videojuegos, etc.) que obren en contra de nuestra fe.

En el extraño caso de que uno de nosotros sienta que debería hacerse una excepción a lo anterior, prometemos plantear ese asunto y las razones a la familia para dialogar y evaluarlo, en lugar de tomar la decisión a solas.

Entendemos que firmar esta Constitución familiar no tiene peso alguno sobre nuestra salvación (la cual depende al 100 por ciento de nuestra fe en Jesucristo como nuestro Salvador y Señor), pero es un resultado de nuestro deseo de agradar a Dios y obedecerle en cada área de nuestras vidas.

Miembros de la familia que firman:

_____   _____

_____   _____

_____   _____

_____   _____

Fecha: _____

Cuando usted, su cónyuge y sus hijos hayan firmado su Constitución familiar, sitúela en su casa donde pueda ser vista con facilidad. Eso ayuda a todos recordar este compromiso con más facilidad.

Mantener la Constitución

Si tiene hijos pequeños que aún no han pedido su primera descarga en MP3 o de video, considérese bendecido. Su tarea será más fácil. Ellos pueden desarrollar sus hábitos de entretenimiento según su Constitución.

Por otro lado, si tiene hijos adolescentes que ya son seguidores de contenido cuestionable, se enfrenta usted a un reto totalmente distinto.

Puede comenzar a operar bajo la norma "desde este día en adelante", pero usted y su cónyuge tienen que decidir cómo tratar la basura que ya está amontonada en la colección que su hijo tiene de entretenimiento. A continuación hay algunos posibles escenarios:

- Después de descubrir la necesidad de discernimiento mediante la ceremonia de firmas, su adolescente puede sentir convicción de modo sobrenatural, librándose voluntariamente de la basura de su música y videoteca y cambiando sus hábitos de ver televisión.
- Puede usted aceptar humildemente la responsabilidad por haber tardado demasiado tiempo en "establecer los límites", y estar de acuerdo en sustituir los productos ofensivos por otros que cumplan con la norma familiar. Ya que usted se está haciendo cargo de la cuenta, puede que quiera limitar los "sustitutos" por proyectos edificadores de populares artistas cristianos, y películas, videojuegos y programas de televisión que usted haya visto de antemano o haya examinado en línea.
- Después de que la familia haya medido el entretenimiento

en cuestión según la norma familiar y haya descartado todo lo reprobable, está preparado para comenzar de nuevo. Sea diligente. Aférrese a las nuevas pautas. De ahora en adelante, si su hijo preadolescente o adolescente pide comprar ciertos productos de entretenimiento, usted puede decir con confianza: "Claro, pero cuando lo traigas a casa lo veremos juntos, y si no cumple con la Constitución familiar que firmamos, lo tomaré y no tendrás el dinero".

Ya no más excusas. El acuerdo está por escrito; ellos mismos pueden leerlo. Tenga la seguridad de que si sus hijos saben que es el dinero *de ellos* el que está en juego, serán mucho más selectivos en cuanto a qué entretenimientos invitan a ir a la casa.

Sus normas familiares

Una norma familiar de entretenimiento es una herramienta valiosa. Pero como con cualquier herramienta, su uso requiere trabajo. Teniendo eso en mente, asegúrese de no basar su Constitución familiar en estilo o en calificaciones.

Permítame ser muy claro aquí: los sistemas de calificación son muy poco fidedignos. Para las películas, la calificación para mayores de 13 años, o incluso para todos los públicos no dice casi nada sobre si una película elevará el espíritu humano y evitará dar *glamour* a la maldad.

Lo mismo es cierto de las calificaciones de televisión y de videojuegos. Confiar en un sistema de calificaciones es como conducir por la nieve con un neumático pinchado: ¡arriesgado! La mayoría de quienes analizan actualmente los medios de comunicación en canales seculares, sean películas, juegos de video, música o televisión, no enfocan el entretenimiento utilizando un "filtro" familiar. De hecho, incluso si el proceso de revisión parece pensado para advertir a los padres de posibles riesgos, los criterios que se utilizan son con frecuencia aleatorios e incoherentes, en el mejor de los casos.

Por eso yo aconsejo a las familias que adopten un enfoque escéptico cuando un producto lleva una calificación. Aunque es necesario un poco más de examen, vale la pena el tiempo y el esfuerzo empleados para ir más allá de la calificación y descubrir el contenido de una película, programa, página web, libro o álbum. Gran parte de este examen puede realizarme mediante páginas web confiables.

De igual modo, en especial cuando se trata de música, el *estilo* puede ser muy engañoso. Los géneros "más duros" pueden ofrecer mensajes positivos, mientras que unos músicos más melosos lanzan todo tipo de aguas residuales líricas a sus fans. En esta área, quizá más que en cualquier otra, los padres nos permitimos a nosotros mismos ser influenciados por la preferencia personal.

Resista esa tentación. Una medida mejor es comprobar los mensajes que se comunican, y no el estilo o el aspecto del mensajero.

Tenga en mente también que algunos productos de entretenimiento sanos y edificantes simplemente no son adecuados para todas las edades. Incluso en una familia hay diferencias en el modo en que nuestros hijos procesan el entretenimiento. Uno puede que sea muy sensible a escenas que implique peligro, por ejemplo, mientras que otro se da cuenta de que el personaje que está agarrado a una rama de un árbol sobre un precipicio quedará a salvo al final.

Lo que un niño es capaz de ver a los seis años de edad puede que sea demasiado para otro hasta que él o ella tengan diez años. Eso fue cierto en nuestra familia. Podría no parecer justo, pero no solo podemos declarar que "tal edad" es un punto de referencia para todos los niños. Puede que usted quiera añadir algo a su Constitución familiar sobre entretenimiento que hable específicamente de esto.

Cuando la película *Donde viven los monstruos* (*Where the Wild Things Are*) salió en 2009, nosotros advertimos en nuestra reseña en línea que la película sería demasiado intensa para los espectadores más pequeños. Es interesante que incluso un artículo de *USA Today* publicó un artículo sobre que la película era inadecuada para los niños más pequeños. Una mamá llamada Stephanie tomó esta idea cuando envió el siguiente correo electrónico:

Gracias por su crítica de *Donde viven los monstruos*. Mi clase de primer grado estaba planeando un viaje para ira a ver esa película. Después de leer su crítica y de mucha oración, escribí una carta y adjunté a ella su crítica. El lunes en la mañana, me senté con la directora de la escuela y le expresé todas mis preocupaciones como mamá y como cristiana. Ella quedó asombrada, y no había oído nada malo de la película. Prometió comprobarlo y envió a un par de maestras a verla... [Más adelante, una de esas maestras exclamó]: "Lo siento mucho, Sra. ——. No sabía nada.

Ese viaje queda cancelado". Ella había leído mi nota y cada palabra de su crítica, y había tomado en serio que niños de seis años no necesitan ver esa película. Estamos hablando de más de 300 niños y niñas de seis años. Ella también dijo que había recibido otras tres notas de padres que expresaban preocupación, pero que su crítica fue la única prueba que ella necesitaba.

Donde viven los monstruos es solo un ejemplo de lo necesario que es tomar en consideración lo que es apropiado para la edad cuando se evalúa el entretenimiento según la Constitución familiar. Aunque no sea bueno para niños de seis años, podría estar bien para niños más mayores que tienen más capacidades cognitivas desarrolladas para procesar algunos de sus elementos más oscuros. Stephanie entendió esto e intervino, no solo para proteger a su propia hija sino también a otros 300 niños. Yo le elogié, y a los administradores de la escuela, por entender que cuando se trata de entretenimiento, una "talla" no vale para todos.

Su Constitución a medida

Desde los tiempos de las películas mudas, el poder de una película con su potencial de afectar negativamente a la sociedad no ha pasado desapercibido. Por esa razón, los pioneros de la industria bosquejaron un código autorregulador de ética en la década de 1930 que gobernaba el contenido de las películas. Esas anteriores normas de buen gusto, conocidas como Código de Producción, proporcionaban concretamente cosas a hacer y no hacer con respecto a lo que podía mostrarse en las películas americanas, inclusive lo siguiente:

- Ninguna película será producida que rebaje las normas de quienes la vean.
- El tráfico ilegal de drogas no debe presentarse nunca.
- Los ministros de la religión no deberían utilizarse como personajes cómicos o villanos…
- Se elevará la santidad del matrimonio y del hogar.
- Las palabras Dios, Señor, Jesús y Cristo no han de utilizarse a menos que se haga con reverencia.[1]

Sigue habiendo películas en la actualidad que mantienen este código en su mayor parte olvidado del ayer. Muchas no lo hacen, desde luego, y como resultado "rebajan las normas de quienes las ven". ¿Cómo quiere que su Constitución familiar sobre entretenimiento trate esas películas?

Este es solo un ejemplo de las decisiones que usted tendrá que tomar al crear su propia Constitución. Muchas películas, canciones, videojuegos y otros productos de entretenimiento encajan en una "zona gris". ¿Cómo se aplicará su Constitución familiar?

Cualquier cosa que usted decida, hágalo solo después de haber orado (y hablado con su cónyuge si está casado). Todos nosotros, si verdaderamente estamos abiertos al Señor y a buscar sabiduría en esta área, podríamos beneficiarnos de un acercamiento a los pensamientos del Creador sobre este tema

Usted *puede* pasar el "testigo de los medios" a sus hijos sin dejarlo caer. Y puede hacerlo con menos peleas al ponerse de acuerdo sobre sus normas familiares de antemano, especialmente si las pone por escrito.

Preguntas que fomentan el pensar sabiamente sobre entretenimiento

Ya sea que esté usted creando una Constitución sobre entretenimiento o utilizando momentos de enseñanza para alentar a sus hijos a "pensar de modo diferente" en cuanto a los medios, pruebe a hacer preguntas como las siguientes para mantener la conversación.

1. ¿Cuáles son tus películas, programas de televisión, videojuegos y álbumes favoritos en este momento de tu vida? ¿Por qué son tus favoritos? ¿Se debe a que les gustan a tus amigos? Si es así, ¿por qué son los favoritos de tus amigos?

2. ¿Describirías los mensajes de tus favoritos como alentadores e inspiradores, o más bien deprimentes? ¿Por qué?

3. ¿Sientes que tus decisiones sobre entretenimiento tienen algún efecto sobre lo cerca que te sientes de tu familia, de tus amigos o de Dios? ¿Por qué o por qué no?

4. ¿Estarías de acuerdo o en desacuerdo con la frase: "Como regla general, el entretenimiento es sencillamente diversión inofensiva"? Explícalo.

5. ¿Te sentirías cómodo si Jesús se sentara a tu lado mientras veías, escuchabas o jugabas con esos favoritos? ¿Crees que Él tendría una sonrisa en su cara o que se sentiría entristecido? ¿Qué crees que diría Él?

6. ¿Qué sucedería si imitaras el estilo de vida y las decisiones de los personajes que aparecen en tus películas, programas de televisión y canciones favoritas?

7. ¿Crees que algunos individuos podrían poner en práctica lo que han observado mediante sus decisiones de entretenimiento? ¿Sientes que tú has sido influenciado? ¿O podrías serlo?

8. ¿Crees que nuestra "norma familiar" para el entretenimiento es justa o injusta, necesaria o innecesaria? ¿Por qué?

9. Cuando has observado entretenimiento que se burla, mina o se opone a los valores de esta familia (y del Señor), ¿cómo te hace sentir eso? ¿Te has reído? ¿Te entristece? ¿Y cuando oyes que tus amigos han consumido ese tipo de entretenimiento?

10. Si tus amigos te pidieran que explicases cómo decidirías qué tipo de entretenimiento es permisible y cuál está fuera de los límites, ¿qué dirías?

ocho

Preguntas frenéticas

Aunque una cosa es preocuparse por el impacto del entretenimiento en nuestras familias, otra cosa es saber qué hacer al respecto, y otra tratar el resultado cuando lo intentamos.

Las batallas por la ingesta de entretenimiento son inevitables, pero son demasiado comunes. Cuando sus intentos por establecer normas conducen a miradas congeladas o a estallidos por parte de sus hijos, ¿qué debe hacer?

Mis metas con este libro tienen dos vertientes. En primer lugar, quiero ayudar a padres que han tenido las enseñanzas sobre discernimiento en cuanto al entretenimiento en algún lugar en torno al número 37 en su lista de prioridades a pasar a los 10 primeros lugares. En segundo lugar, quiero hacer este proceso sea todo lo práctico posible.

Por eso este capítulo pretende contestar algunas de las preguntas sobre qué hacer que surgen con frecuencia. Espero que las respuestas le equipen aún más para enfrentarse al lado no siempre fácil de dar seguimiento a las ideas propuestas en este libro.

Pregunta: Mi hija es estudiante de segundo curso en la escuela superior. El distrito escolar envió a casa un formulario pidiendo permiso para permitirle ir a ver películas calificadas para mayores de edad como *La lista de Schindler* y *Salvar al soldado Ryan* en la clase de historia. Sabemos que estas películas tienen mensajes importantes y los críticos las adoran, pero no queremos establecer un precedente para permitirle ver películas calificadas para mayores. Ella dice que si no le permitimos verlas, los otros alumnos e incluso los maestros la considerarán "una perdedora de una familia de perdedores". ¿Qué deberíamos hacer?

Puede que haya una fácil solución aquí que contentará a todos. Considere ofrecer a la escuela un reproductor de video ClearPlay (véase el capítulo 9). Este aparato "sabe" dónde saltarse ciertas escenas y partes del diálogo, gracias a una memoria *flash* que contiene datos que se descargan de la internet. Entonces, su hija y sus compañeros de clase pueden recibir el beneficio de una comprensión más profunda del Holocausto sin tener que quedar expuestos la acalorada escena sexual que implica a Liam Neeson, o la que muestra a Ralph Fiennes en la cama con una mujer, con sus pechos descubiertos (*La lista de Schindler*). Con esta tecnología, la clase de su hija también puede obtener una mayor apreciación de quienes batallaron en las playas de Normandía sin la extrema violencia de *Salvar al soldado Ryan*.

Si la escuela o el maestro se niegan a poner la versión editada en clase, al menos su hija tendrá la opción de ver la misma película que el resto de la clase en casa o en otro salón de la escuela.

Pregunta: Mi hija es una cristiana fuerte y dice que está totalmente en contra de la letra y la blasfemia que se utilizan en ciertas canciones. Pero le encanta el ritmo de la música. Quiere escuchar la versión "limpia" de las canciones. Estoy contenta porque ella siga manteniendo algunas normas, pero yo quiero que deje todo ese género. Ella dice que no estoy siendo justa.

En primer lugar, me gustaría elogiar a su hija porque busca tomar decisiones musicales que honren a Dios.

En segundo lugar, un poco de información como telón de fondo. Debido a que algunas tiendas se niegan a tener CD que presenten pegatinas sobre advertencias a los padres, algunos de los álbumes más viles se publican en dos versiones: una "editada" o "limpia", y otra no. Esto permite que las compañías eludan la prohibición y hagan llegar su producto a tiendas minoristas orientadas hacia la familia.

Pero ¿están realmente a la altura de sus expectativas las versiones "limpias"? En una sola palabra: no. Eso se debe a que el proceso de edición normalmente no es otra cosa que poner un pitido en algunas de las peores obscenidades, algunas referencias concretas a las drogas, y palabras como "asesinato" o "balas".

No hay coherencia alguna en este proceso. Es común que los "censores" preserven un tema profundamente censurable a la vez que excluyen algo relativamente pequeño. A continuación tenemos un ejemplo de la versión "limpia" del álbum del rapero DMX, *It's Dark and Hell Is Hot* [Está oscuro y hace calor en el infierno]:

Llego a la casa y voy a abatir a tiros a tu cónyuge
Intentando enviar a la (pitido) de regreso a su creador
Y si tienes una hija mayor de 15, voy a violarla.[1]

¿La única palabra editada del original? Se utiliza frecuentemente como sinónimo de perra. Mientras tanto, "abatir a tiros" y "violar" se mantienen en esta versión "desinfectada para su familia".

Las normas uniformes sobre edición de letras no existen. Algunos "censores" no tienen problema alguno con algunas palabras malsonantes. He oído cortar la palabra "marihuana", mientras que se ha mantenido "Hago rap por el ácido [LSD].

El hecho es que si los "censores" realmente hicieran su trabajo, las versiones limpias de muchos CD con advertencias descenderían aproximadamente a siete minutos de duración, desde los originales setenta. ¿Y quién pagaría $12.99 dólares por un disco de siete minutos?

Las discográficas afirman que pueden limpiar las letras, pero no se han ganado la confianza de usted, ni la de su hija. Si a ella verdaderamente le gusta el rap pero quiere evitar mensajes retorcidos, aliéntela a que pruebe con raperos cristianos como TobyMac, Grits y KJ-52.

Pregunta: Nosotros somos bastante estrictos sobre las películas que dejamos ver a nuestros hijos. Ahora que están en la secundaria, están interesados en algunas películas que contienen blasfemias. Ellos dicen que el lenguaje no es peor que el que escuchan cada día en los pasillos en la escuela, y probablemente tengan razón. ¿Cómo puedo decir no a algunas palabras cuando están expuestos a una inundación de ellas de todos modos?

¡Esto es difícil! Ver películas editadas es un camino a seguir, aunque elimina el ver la mayoría de películas en un cine.

Cuando los jóvenes se resisten a la idea de que la blasfemia debería poner cierto tipo de límites al entretenimiento, normalmente están pensando según una o más de las siguientes ideas:

- Si no puedo ir a ver una película con una "mala" palabra, nunca llegaré a ir a nada.
- La Biblia no dice que no se puede ver el programa o escuchar una canción que contenga malas palabras.
- Yo no comenzaré a decir malas palabras solo porque oiga hacerlo a otra persona.

Consideremos la primera idea. ¿Una única vulgaridad descalifica a una película o una canción? Supongamos que una película con un estupendo mensaje con el que quedarse también contiene unas blasfemias suaves. ¿Es eso razón suficiente para decir no a los adolescentes?

Sé que mi respuesta será controvertida; pero puedo imaginar a Jesús llevando los discípulos a una película que tenga como su único elemento censurable el problema del lenguaje que acabo de describir. Otros estarían en desacuerdo conmigo. Yo cambiaría mi respuesta si otras blasfemias u obscenidades, como malas palabras y mal uso del nombre de Jesús, fuesen parte de la película.

Me siguen resultando ofensivas las blasfemias suaves. Creo que es mejor evitar el entretenimiento que las utilice, especialmente para niños más pequeños. Pero según mi opinión, la mayoría de adolescentes pueden capear una blasfemia suave ocasional en el entretenimiento sin que se convierta en una piedra de tropiezo espiritual.

Si toma usted la ruta de eliminar todas las películas para adolescentes debido a problemas de malas palabras, asegúrese de haberlo hecho un tema de oración y no solo de preferencia.

En cuanto a la segunda objeción que los jóvenes tienden a plantear, considere este extracto de un correo electrónico que recibimos de una muchacha llamada Katie: "Leí sus críticas y ustedes siempre dicen algo sobre las malas palabras en la música; me preguntaba si tienen algunos versículos de la Biblia donde diga que maldecir esta mal".

Es una pregunta justa. ¿Habla Dios concretamente o condena el lenguaje vulgar? En realidad, lo hace. Veamos Colosenses 3:8 para empezar: "Pero ahora abandonen también todo esto: enojo, ira, malicia, calumnia y lenguaje obsceno". También, agraviamos "al Espíritu Santo" (Efesios 4:30) cuando violamos Efesios 4:29: "Eviten toda conversación obscena". Se nos advierte: "Entre ustedes ni siquiera debe mencionarse la inmoralidad sexual, ni ninguna clase de impureza" (Efesios 5:3). Entonces Dios enumera algunas de esas cosas que se califican, incluyendo "palabras indecentes, conversaciones necias ni chistes groseros" (Efesios 5:4). Y el Señor tiene mucho que decir sobre "domar la lengua" (Santiago 3).

Pero no es suficiente con citar estos versículos. Nuestros hijos necesitan entender que utilizar obscenidades es un *síntoma*. Es un síntoma por el que Dios se interesa. Pero Él siempre está más interesado en las raíces de los problemas y las soluciones de raíz.

Dios se interesa acerca de lo que sale de nuestras bocas porque Él nos creó a su imagen, y Él es santo. Si pertenecemos a Cristo, hemos sido espiritualmente adoptados. Después de una sección que explica que somos sus hijos e hijas, Dios nos dice en 2 Corintios 7:1: "purifiquémonos de todo lo que contamina el cuerpo y el espíritu, para completar en el temor de Dios la obra de nuestra santificación". Nos abstenemos de utilizar obscenidades y blasfemias no solo porque "contaminan", sino también porque somos hijos de Dios que aborrecemos defraudar a nuestro Padre celestial.

Sus hijos podrían protestar: "Pero se trata de *utilizar* un mal lenguaje, no de *oír* a otra persona utilizarlo". Eso nos lleva al tercer argumento: que los jóvenes no adoptarán el lenguaje que encuentren en programas y canciones.

Si estamos escuchando música que contenga pegatinas (o que debería haber tenido) de advertencia para los padres, o vemos una película o jugamos un videojuego que frecuentemente utiliza duras blasfemias, ¿es posible que esas palabras se queden en nuestra mente? Solamente la experiencia personal me dice que así es.

Cuando se consumen duras blasfemias mediante el entretenimiento, son añadidas a nuestro vocabulario mental. Nos golpeamos nuestro pie con la mesita, y lo siguiente que sabemos es que las vulgaridades a que hemos estado expuestos recorren nuestra lengua o al menos nuestros pensamientos.

Como regla general, creo que las obscenidades estropean el entretenimiento y deberían hacer que nos detengamos antes de consumir medios de comunicación que las incluyan. En el capítulo 9 hablaré de la tecnología que puede editar todo eso y eliminarlo, la cual en mi mente es una opción superior, incluso para las palabras y las frases más "suaves". Después de que haya respondido las tres objeciones mencionadas anteriormente para sus hijos, quizás sea una opción también para su familia.

Pregunta: A mi hijo le gusta discutir con nosotros sobre que el discernimiento en cuanto a los medios se trata de censura. Dice que la libertad de expresión y los derechos de la Primera Enmienda es lo que importa. ¿Cómo deberíamos manejar este debate continuo?

En octubre de 2009, el cronista deportivo Bob Griese aprendió que a pesar de las preocupaciones en cuanto libre expresión, hay límites en lo que puede decirse sin provocar una tormenta. Al final del partido entre Ohio State-Minnesota, Griese hizo un comentario inapropiado sobre el piloto de NASCAR Juan Pablo Montoya, diciendo que él "estaba comiéndose unos tacos" cuando el nombre de Montoya no apareció entre los cinco pilotos principales en la carrera por puntos. Antes de que terminase la emisión, Griese se disculpó. La ESPN emitió su propia disculpa poco después. Unos meses después, otra personalidad de la ESPN, Tony Kornheiser, fue temporalmente suspendido de su programa, *Pardon the Interruption* (Perdone la interrupción), después de hacer comentarios disparatados sobre la "horripilante" vestimenta de la presentadora Hannah Storms, de *SportsCenter*.

Lecciones parecidas han sido aprendidas por personas como el senador Trent Lott, el pitcher John Rocker, los cómicos Bill Maher y Michael Richards, el reverendo Jesse Jackson, y los presentadores de radio Don Imus y la Dra. Laura Schlessinger. Para esas personas, pocos argumentaron la "libertad de expresión" en su defensa. En cambio, el debate público se centró en el mensaje, como debería ser.

Por alguna razón, sin embargo, muchos iconos de los medios y modelos a seguir del entretenimiento obtuvieron un pase libre cuando se trata de lo que podría considerarse lenguaje de odio y dar *glamour* a la actividad ilegal. Algunos reciben premios Grammy o millones de dólares en taquilla. Películas, programas de televisión y juegos de video tampoco están sujetos al mismo nivel de escrutinio que están algunos individuos que hacen comentarios mal intencionados o mezquinos

¿Y si los músicos, por ejemplo, tuvieran que enfrentarse al mismo escrutinio que políticos y atletas? El rapero Eminem no está solo ahora de hacer comentarios extraños, pero él ha sido uno de los más populares, al haber sido nombrado Artista de la Década por la revista *Billboard* en 2009 (con 80 millones de álbumes vendidos). Ningún cronista deportivo, congresista o juez federal presumió nunca de violar a su madre, lo cual hizo Eminem en un álbum que recibió un premio Grammy. No encontrará a un jugador de baloncesto que diga: "Sígueme y haz exactamente lo que dice la canción: fuma hierba, toma pastillas, falta a la escuela, mata a personas, bebe y ponte detrás del volante. Eminem hizo todo eso en una de sus canciones: "Role Model".[2]

Yo apoyo el derecho de Eminem a decir lo que quiera dentro de la ley, pero no creo que ser músico en cierto modo haga que sea inmune al análisis o la crítica.

Podría ser útil hacer saber a su hijo joven que al menos hay nueve formas de expresión que *no* están cubiertas por la Primera Enmienda.

Por ejemplo, es ilegal hacer amenazas claras e inmediatas para la seguridad nacional, como revelar información acerca de los movimientos de tropas durante tiempo de guerra. La difamación y la calumnia no están protegidas, y tampoco lo están "obscenidad" y "palabras de pelea" (como lenguaje abusivo gritado por un manifestante a un oficial de policía). Y no es legal utilizar anuncios engañosos para inducir o seducir a menores a participar en actividades ilegales como la prostitución y el consumo de drogas o alcohol.

Sin embargo, muchos de los álbumes más populares que se emiten hoy, especialmente en el género rap, "anuncian" sustancias y conductas ilegales. ¿Y como puede el que un músico aliente a un niño de 10 años a matar a quienes "le odian" ser distinto a un líder de una pandilla que ordena a su grupo que elimine a un rival?

La ironía no la pasa por alto Darrell Scott, padre de la alumna asesinada de la escuela Columbine, Rachel Joy Scott. Él comentó en una ocasión: "Alejamos a Charles Manson de por vida. Él no mató a nadie, pero influyó a sus seguidores para que lo hicieran. Eminem tiene más influencia y más seguidores que Charles Manson".[3]

El problema en realidad se reduce a nuestros hijos y el mundo que ellos heredarán algún día. ¿Qué es mejor para ellos?

Estas son algunas de las ideas que podría usted compartir durante el siguiente debate con su hijo. También podría preguntarle si se alegra de que nadie pueda gritar legalmente "¡Fuego!" en un cine lleno de gente, o "¡Tengo una bomba!" en un avión. Si es así, ¿no debería haber también oponerse a que el entretenimiento utilice sus plataformas para atraer a niños a la actividad criminal?

Pregunta: Mi hija estaba en una fiesta de pijamas, e iban a ver una película calificada para mayores de 13 años que, según su página web, estaba llena de todo tipo de acalorado contenido, insinuaciones y lenguaje sexual, incluso algunas escenas de desnudos. Ella sabía que nosotros no permitimos ese tipo de cosas en nuestra casa; sin embargo, llamó suplicándome que hiciera una excepción. Dijo que sería avergonzada si ella fuera la única chica a quien no le permitían verla. ¿Cómo podía decirle no? ¿O podía decirle sí?

Créame, entiendo lo difícil que es tomar decisiones que parecen aislar a sus hijos o hacer que sean los mayores cretinos de la escuela. Todos queremos que nuestros hijos caigan bien y sean admirados por sus iguales.

Por eso tener reglas en nuestro hogar que parecen destacar nuestra diferencia pueden ser una verdadera batalla para preadolescentes y adolescentes. En algunos aspectos, estamos pidiendo a nuestros jóvenes que se pongan y lleven un cartel a la escuela que dice: "Evítame. Soy extraño y estoy intentando asegurarme de que todos lo sepan".

Sin embargo, como mencioné en un capítulo anterior, la abnegación es parte de la experiencia cristiana. Si su hijo es cristiano, sencillamente recordarle que el plan de Dios con frecuencia implica quedarse solo puede marcar una diferencia.

Para ilustrar este importante concepto, lleve a su hijo joven a Daniel 6, la historia de Daniel cuando fue lanzado al foso de los leones. Cuando se emitió el decreto de que nadie podía orar a ningún otro sino al rey Darío durante 30 días, Daniel se arriesgó a bajar en popularidad a lo grande si escogía hacer lo contrario.

Las masas siguieron la mentalidad de rebaño. Sin duda, muchos sabían que eso estaba mal, pero fingieron orar a Darío de todos modos, para no agitar las cosas o atraer una atención indebida sobre ellos mismos. Puede que incluso razonaran: *Bueno, es solo por treinta días. Además, en realidad no lo hago de veras en mi corazón, y eso es lo que verdaderamente cuenta.*

Pero Daniel se resistió al pensamiento de grupo. Él decidió que las opiniones de sus iguales no eran importantes comparadas con las opiniones de su Dios. Eso le condujo a seguir orando, no a Darío, y con las ventanas abiertas.

Las consecuencias fueron graves. Daniel fue lanzado a un foso de leones hambrientos. Pero el Señor tenía un plan: la intervención milagrosa. Nada de eso podría haber sucedido sin abnegación y la disposición a quedarse solo.

Si su hijo joven necesita una experiencia más moderna de "foso de leones" para servir de inspiración, aquí esta una: recientemente recibí una llamada de una madre cuyo hijo acababa de regresar de un campo deportivo. El entrenador les dijo a los muchachos que los llevaría a ver una película en el cine local para celebrar la noche de la final. Debido a que la película tenía contendido censurable, el muchacho declinó la oferta. Como resultado, el entrenador canceló la salida para todo el equipo.

Aunque en cierto modo humillado, este muchacho sabía que había hecho lo correcto. Me quito el sombrero ante este joven por defender una postura. Él no había intentado evitar que los otros fuesen a ver la película, pero estuvo dispuesto a negarse a sí mismo lo que ellos y el entrenador consideraban aceptable.

Además de relatar historias como esa, podría alentar a su hijo resistir la presión poco sana dándole una fuerte dosis de afirmación siempre que adopte una postura y se quede solo. También hay algunas cosas que puede hacer para prevenir situaciones como la que se produjo en la fiesta de pijamas.

En primer lugar, entérese de antemano de qué película(s) están planeadas. La mayoría de fiestas de pijamas en estos tiempos parecen incluir al menos una película. Preguntar de antemano ayuda a eliminar sorpresas. Si usted descubre que la película no se ajusta a su norma familiar, ofrezca proporcionar otra que sí lo haga. Las conversaciones a nivel de padres con frecuencia cortan este problema antes de que surja.

Pero ¿y si hay un cambio de última hora en el plan para ver películas? En lugar de llamar para que regrese a casa, su hijo podría participar en alguna otra actividad en otra habitación, como leer un libro, completar una tarea de la escuela, ayudar a los padres a preparar refrescos, entretener a un niño más pequeño, etc. Eso envía el mensaje correcto a los amigos de su hijo: "No les juzgo por ver esa película. Solo intento guardar mi propio corazón, y siento que los mensajes de esa película no son buenos para mí. Y me gustan tanto ustedes que me quedo para poder pasar tiempo juntos después".

Mi hija hizo frente a ese mismo escenario cuando estaba en secundaria, como mencioné anteriormente en este libro. Ella pasó la tarde en otra habitación con los padres. No fue su primera opción, pero fue la correcta; ella tuvo que tomar la difícil decisión de guardar su corazón en lugar de tomar el camino fácil.

Llamarle también es una opción, desde luego. Cuando ninguna otra cosa parezca lograrlo, su hijo necesita saber que tiene permiso para llamarle en cualquier momento, del día o de la noche, para que usted vaya a recogerle.

Pregunta: Sé que no debemos ser padres hipócritas, que mandan hacer lo que yo digo pero no lo que yo hago, pero ¿no es irrealista que mi esposa y yo solamente rentemos películas que nuestro hijo de siete años pudiera ver? ¿Cómo vamos a ver alguna vez algo más intenso que *Ice Age*?

Una de mis películas favoritas hasta la fecha es *La pasión de Cristo*. Fui conmovido por el retrato que hace esta película del sacrificio de Cristo por mí. Aun así, las escenas de la tortura y crucifixión de Jesús son sin lugar a dudas muy gráficas y tremendamente duras de ver.

Esta película es tan conmovedora y persuasiva que creo que cada persona del planeta debería verla al menos una vez. Pero no hasta que tenga 12 o 13 años. Sin duda alguna, no es una película para que la vea su hijo de siete años, o su hijo de nueve años.

¿Es equivocado verla e informar a su hijo de que tendrá que esperar hasta que sea un poco mayor para verla? No.

Puede usted explicar por qué diciendo algo como lo siguiente: "Jesús fue crucificado por nuestros pecados. Esta película muestra eso de alguna manera que podría ser demasiado molesta para los niños. Quiero que tú también veas esta película un día, pero todavía no. Mientras tanto, vamos a leer de nuevo lo que la Biblia dice que sucedió aquel día".

En cuanto a esas otras películas que a usted le gustaría ver pero que sabe que no son adecuadas para la edad de su hijo, esta es una pregunta para plantearse: *¿Querría que mi hijo viera esta película cuando fuese más mayor?* Si la respuesta sincera es sí, probablemente no haya hipocresía. Si es no, tome otra decisión.

Tiene razón en cuanto a estar vigilante a la hora de practicar lo que predica. Si hay algún aspecto de la crianza que parece tener el mayor impacto negativo perdurable, es cuando nuestros hijos nos ven a actuar de manera hipócrita. Tiende a fomentar la rebeldía.

Pregunta: Mi esposo y yo no rentamos nada grosero, pero algunos de los DVD que vemos en nuestro dormitorio tienen algún contenido inadecuado que no queremos que nuestra hija de 12 años vea ni oiga. Cerramos con cerrojo nuestra puerta durante esas películas, pero a veces me pregunto si ella estará escuchando. ¿Estamos haciendo lo equivocado?

Repito: sugiero ver películas con una máquina ClearPlay (véase el capítulo 9) para editar y eliminar el contenido inadecuado. Rara vez esas ediciones estropean la experiencia de ver la película. De hecho, según mi opinión, la edición mejora el verla.

Pregunta: Parece que siempre que rentamos o descargamos una película, mis hijos adolescentes y yo nos ponemos a discutir. Ellos

se dirigen hacia las películas de miedo calificadas para mayores de 13 años y comedias de las que yo nunca he oído, el tipo del que nunca se hacen reseñas en ningún lugar pero que se ven sospechosas. Ellos siempre están dispuestos a probar. Desde luego, yo no lo estoy. No quiero ver esas películas antes para decidir si son apropiadas o no. ¿Cómo podemos evitar esas batallas?

En primer lugar, hay un problema mayor aquí que ver o no ver películas directamente a DVD. Es la tendencia que hay en nuestros adolescentes a querer películas que se ven sospechosas solamente por los títulos o las imágenes que están en la tapa. Para vencer esta tendencia, otros principios que he destacado deben entrar en juego antes: aborrecer la maldad, el deseo de honrar al Señor en todas las decisiones, incluyendo las relativas al entretenimiento, una comprensión de la influencia del entretenimiento, y un reconocimiento de que los principios bíblicos deberían dirigir las decisiones sabias en cuanto a entretenimiento.

Si sus hijos adolescentes no entienden estos conceptos, querrá usted trabajar en ello. Si lo hacen, la pregunta destaca lo que todos hemos descubierto: que escoger una película puede ser muy difícil. Yo sugiero tomar siempre estas decisiones de antemano. Consulte en línea. Lea los comentarios de una página web de críticas de cine en la que pueda confiar (como pluggedin.com). Decida lo que van a rentar *antes* de entrar en la tienda de videos o la máquina expendedora. Llegue preparado con dos opciones en caso de que la primera no esté disponible.

Una sugerencia más: intente mantener una lista de películas en las que estén interesados, basándose en la investigación continua que usted y sus hijos hayan hecho juntos. Hablen de las críticas que hayan leído; conviertan esto en una oportunidad de profundizar su relación, no solo de debatir. En lugar de confiar en la memoria o en la tapa, consulte la lista cuando sea momento de tomar la decisión de rentar o descargar una película.

Pregunta: Mi hijo está en sexto grado. El otro día, cuando estaba yo buscando un papel de la escuela para firmarlo, descubrí en su mochila dos DVD calificados como "comedia de sexo adolescente". Cuando le pregunté al respecto, me dijo que su amigo Ray se las había prestado. Además de no querer que mi hijo vea esas cosas, dudo que los padres de Ray estuvieran contentos en cuanto a esto. Mi hijo me pidió que no les llamase. Yo siento que debería

hacerlo, pero sé que mi hijo se sentiría traicionado y avergonzado. ¿Qué debería hacer?

Es bueno que descubriera usted esos DVD. No mencionó si su hijo ya había visto uno o los dos, pero supongamos que no los ha visto. Es muy probable que Ray los haya visto. El que su hijo salga con un "amigo" que consume pornografía suave puede solamente ser un problema.

¿Qué debería hacer usted? La posible vergüenza de su hijo si hablase usted con los padres de Ray es una preocupación menor cuando se compara con la alternativa: ser expuesto a contenido sexual que finalmente podía conducir a una fascinación por la pornografía. Detener eso inmediatamente es crucial. Para hacerlo, necesitará usted la ayuda de los padres de Ray; ellos no pueden ayudar si no saben lo que está sucediendo. Si ellos *sí* lo saben, no estará usted empeorando la situación de Ray al decírselo.

Piénselo de este modo. ¿Y si la situación fuese a la inversa? ¿No querría usted que los padres de Ray le informasen?

Ahora bien, no querrá usted ser acusador cuando aborde este tema con ellos. Podría comenzar diciendo algo como: "Sabíamos que probablemente querrías saber sobre un descubrimiento que hicimos hoy". Después, sugiera que los padres por ambas partes y los muchachos se reúnan para mantener una seria conversación.

Haga lo posible para obedecer Romanos 12:18, que dice: "Si es posible, y en cuanto dependa de ustedes, vivan en paz con todos". Pero esté dispuesto a ser firme con respecto a que su hijo siga saliendo con Ray si siente que no hay remordimiento ni arrepentimiento por parte de él cuando sea confrontado por la verdad.

Pregunta: Si se lo pregunto, mi hija siempre me dice qué película sus amigas y ella van a ir a ver al cine. El problema es que no siempre me dice la verdad. Otro de los padres la vio que se metía a una película diferente, una que ella sabía que yo no aprobaría. Yo no puedo estar allí para a mantenerla en el cine correcto; ¿qué puedo hacer?

Repito: hay problemas mayores aquí que el discernimiento en cuanto a los medios; problemas como sinceridad, confianza y manejar la presión de los iguales.

Por tanto, replantearé la pregunta: Cuando es tan fácil comprar una entrada para una película decente pero en cambio pasar a ver algo ofensivo, ¿cómo puedo tener confianza en que mi hija no se están aprovechando de esta situación en la sala de cine?

Yo sugerirían mantener siempre una conversación de seguimiento con sus hijos acerca de las películas que ven. Lea críticas de antemano, desde luego. Cuando su hija regrese, haga preguntas parecidas a las siguientes: "Háblame de la película. ¿Cuál es su mensaje más redentor? Si tu hermana pequeña quisiera ir a verla, ¿qué dirías tú? ¿Por qué recomendarías esta película a tus otras amigas, o lo harías?".

Al hacer preguntas que no puedan responderse con un sencillo sí o no, obtendrá un sentimiento con respecto a si su hija asistió a la película aprobada. También ayudará a edificar en ella sus músculos del discernimiento que todo espectador de cine necesita.

Tenga en mente, sin embargo, que los cines no son el único lugar donde nuestros hijos pueden ver películas problemáticas. La escritora y madre Liz Perle, en su artículo, "Sneaking into R-Rated Movies (Without Leaving Home)" (Ver a escondidas películas calificadas para mayores (Sin salir de casa)), escribió esto:

> Recuerdo claramente decirle a mi hijo, que entonces tenía 13 años de edad, que la película *Superbad* no era en absoluto adecuada para él. [Ya que] estaba llena de menores que bebían, no quería que él pensara que emborracharse era muy gracioso. Así que él no fue a escondidas al cine con sus amigos; pero una semana después, estaba citando diálogos de la película. Él no tuvo necesidad de ir a ver la película; simplemente entró el línea y vio los anuncios. Entonces se metió en YouTube para ver más. Finalmente, se descargó ilegalmente una copia pirata utilizando una fuente abierta con una aplicación para compartir archivos llamada BitTorrent. Asolamiento total. No solo había visto la película, sino que también había quebrantado la ley. Y como si eso no fuese suficiente, también se había descargado un programa espía maligno en su nueva computadora. Y falló hasta detenerse una semana después.[4]

Pregunta: Nuestras vacaciones familiares normalmente implican conducir largas distancias. Nuestros hijos se ponen inquietos, y mi esposo quiere que nuestro próximo vehículo tenga un reproductor de DVD. Yo creo que es un desperdicio de dinero, y preferiría que los niños jugaran a otros juegos y vieran el paisaje. Mi

esposo insiste en el mundo ha cambiado, y es mejor que yo me acostumbre. ¿Quién tiene razón?

Según mi opinión, ambos tienen razón. Sus hijos deberían jugar juegos de mesa y también deberían disfrutar de los paisajes.

Pero digamos que están atravesando Kansas. Después de "disfrutar" del campo de trigo número 58 y de su quinta ronda de bingo para auto, ¿hay realmente algún problema con que vean una película de 90 minutos con un tema positivo? ¡Creo que no!

De hecho, quizá debería ser su turno para conducir. Permita que su esposo pase al asiento trasero, donde pueda unirse a sus hijos para ver un DVD amigable con la familia.

Entiendo, desde luego, que hay buenas razones para no gastar dinero en lujos. Usted y su esposos necesitan considerar en oración ese asunto, pero un reproductor de DVD probablemente no destruirá el carácter de sus hijos. Quizá una concesión sería rentar o pedir prestado un reproductor de DVD portátil para el viaje y ver cómo resulta.

Pregunta: Cuando nuestros hijos eran muy pequeños, nos libramos de nuestro televisor. Eso nos ha ayudado a evitar algunos problemas, pero ha conducido a otros. En este momento el problema es que a los niños les encargan que vean ciertos programas (un discurso presidencial, un documental) para la escuela. Nos tememos que si tenemos un televisor para ese propósito, desperdiciaremos todo tipo de tiempo viendo basura. ¿Qué podemos hacer?

Tienen todas las razones para preocupase por ver televisión en la actualidad. En lugar de adoptar un enfoque de todo o nada, podrían considerar tener un televisor que esté conectado a un DVR (un grabador digital de video que puede grabar programas, detener la televisión en directo, y saltarse los anuncios) o un VCR (sí, el antiguo grabador de videos). Entonces pueden grabar ese discurso presidencial, documental o vista del Congreso.

Un aparato grabador no evitará que se vea la televisión con otros propósitos que no sean educativos, desde luego. No me parece que eso sea un problema. Sencillamente tenga cuidado con lo que ve su familia. Me parece bien permitir 30 minutos, incluso una hora, de televisión positiva o neutral cada día. Otros padres puede que prefieran límites diferentes. Grabar de antemano lo que verá puede que ayude a poner en práctica esos límites, ya que usted *escoge* programas en lugar de ver cualquier cosa que salga en la televisión. Y poder saltarse los anuncios mediante un DVR o un VCR no solo ahorra tiempo (unos ocho minutos cada media hora), sino que también previene la exposición a anuncios que no son adecuados.

Al tener un televisor y utilizarlo de modo responsable, puede ayudar a desarrollar habilidades de discernimiento que permanecerán mucho después de que sus hijos se vayan de casa. Tendrán menos probabilidad de decirse a sí mismos: "Espera hasta que me vaya de este lugar. No solo tendré un televisor, sino que veré lo que yo quiera, siempre que quiera". Una actitud como esa es, desde luego, contraria a lo que usted intenta fomentar en sus corazones.

Pregunta: Mi hijo de ocho años tiende a tener pesadillas cuando ve incluso un programa de televisión que asusta un poco, pero de todos modos se siente atraído a verlos. Cuando pide ver esos programas, siempre dice que esa vez no tendrá un mal sueño. Si le digo que no, él dice que debería creerle. ¿Cuándo puedo comenzar a decir sí?

Supongo que no estamos hablando aquí de programas que podrían denominarse de terror u ocultistas; no estoy a favor de eso para ningún grupo de edad, y no creo que Dios tampoco lo esté. Si el problema verdaderamente es la sensibilidad de su hijo, podría ser sabio esperar hasta que tenga 10, 11 o 12 años para volver a probar entretenimiento "que asusta un poco". Usted es la mejor persona para decidir lo apropiado para la edad.

Hacer saber a su hijo que ese tipo de programas no están prohibidos para siempre, solo hasta que él sea un poco más mayor, debería lograr mucho para evitar que ese "no" se convierta en una batalla continuada.

Y mientras tanto, para tratar la tendencia de su hijo hace tener pesadillas, lo siguiente es lo que el psicólogo Dr. Bill Maier dijo sobre una emisión de Enfoque a la Familia sobre ayudar a un niño que tienen malos sueños y miedos en la noche:

> …Es bastante común que los niños pequeños experimenten temor en la noche. Sus pequeñas imaginaciones se están desarrollando como la espuma y no tienen la capacidad de distinguir entre fantasía y realidad. En sus mentes, realmente *hay* un monstruo en el armario o debajo de la cama…

[Si] tiene una pequeña luz nocturna en su cuarto…asegúrese de que no proyecte ninguna sombra miedosa sobre la pared. Eso ocurrió con nuestro hijo, y resolvimos el problema sencillamente poniendo la luz nocturna en un enchufe diferente. También podría escoger un animal de peluche que pueda ser su especial "compañero de cama", proporcionándole consuelo cuando usted no esté ahí. También podría comprar un reproductor de CD barato para su cuarto y permitirle escuchar música agradable o cantos de adoración infantiles justamente antes de que se quede dormido.

Más importante aún, recuérdele que Dios le ama y que Él nos promete que siempre estará con nosotros y nos cuidará. Siga orando con él cada noche cuando le lleve a la cama, y enséñele a hacer oraciones sencillas si se despierta por la noche, pidiendo a Dios que le ayude a no tener miedo.[5]

Pregunta: Algunas familias que conocemos parecen tener un televisor en cada habitación, pero nosotros solo tenemos uno, y no queremos tener otro. El problema es que no podemos ponernos de acuerdo en qué programas ver. Sabemos que podemos ver uno mientras se graba otro, pero a veces eso deja a una tercera persona excluida. Otras veces, alguien quiere ver un programa grabado cuando otra persona está viendo otro en directo. ¿Cómo puede cada uno tener su turno?

Les elogio por tener un solo televisor en su casa. Como sabe, eso es bastante atípico en estos tiempos. Cuando se tiene un solo televisor, es mucho más fácil de regular. También mantiene la televisión lejos de los cuartos de sus hijos donde, según mi opinión, no pertenece.

En cuanto a que cada uno tenga un turno, prueba a limitar ver la televisión a 30 minutos o una hora por día y utilizar un DVR o un VCR para grabar programas. Incluso si su familia es bastante grande, debería tener un mayor éxito al asegurarse de que todos puedan ver su programa favorito. En ocasiones cuando esto no funciona, aliente a los miembros de la familia a negociar, quizá intercambiar tiempo de televisión u ofrecerse a hacer tareas extra a cambio de tener acceso al televisor.

Estoy suponiendo que no tiene computadora y acceso a internet que les permitiría ver programas de televisión archivados en línea y otras páginas web como hulu.com o TvLand.com; si lo tienen, hay otra fuente (mientras usted supervise el tiempo empleado y los programas que se ven).

Pregunta: Leí que un grupo de doctores recomendaba que los bebés y los niños muy pequeños no deberían ver televisión. Entonces vi que esos videos de "bebés genios" no funcionan. Pero mi esposa está en casa con los niños todo el día, y si ella nunca sitúa a los niños delante de un televisor, se volvería loca. ¿Es realidad dañino para ellos el darle un respiro a ella?

El consenso general en estos tiempos entre los investigadores es que los niños no deberían estar expuestos a *nada* de televisión durante los dos primeros años del desarrollo. Sé que es difícil, pero usted y su esposa necesitan resistir la urgencia de ocupar a los niños en la televisión durante esos primeros años formativos.

Quizá ayudará tener en mente que durante la mayor parte de la historia de la humanidad, el televisor ni siquiera era una opción, y de algún modo los padres sobrevivieron. (Bien, ¡quizá eso no ayude!). Organizar días de juego y tiempo de bebés con otros padres podría incluso ser más útil cuando usted y su esposa necesiten un respiro.

Cuando los niños son pequeños, presentar algo de televisión positiva, un máximo de 30 minutos por día, está bien. No solo le dará un poco de alivio (especialmente después de no haber utilizado el televisor por dos años aproximadamente); también puede exponer a sus hijos a parte del contenido más constructivo y con temas cristianos que hay disponible.

Pregunta: Mis hijos tienen cinco y siete años. Intentamos supervisar lo que ven en la televisión, pero a veces en medio de un programa aceptable, son bombardeados por anuncios que no queremos que vean, ya sea por el producto o por el modo en que se presenta. Si estamos ahí y apagamos el televisor durante el anuncio, eso alimenta su curiosidad y conduce a gritos de: "¡Enciéndelo otra vez!". ¿Cómo podemos eliminar esos anuncios?

Como he mencionado, soy un firme creyente en el DVR. Desde la invención de la televisión en 1939, nunca ha habido un aparato que pueda ayudarnos tanto con los anuncios.

Y sí necesitamos ayuda. Todos somos personas ocupadas, de modo que ¿por qué perder tiempo viendo anuncios? Además, incluso anuncios muy ofensivos pueden emitirse durante programas "amigables con la familia" o durante eventos deportivos. ¿Quién necesita eso?

Sugiero utilizar un DVR o un VCR para grabar *todo* lo que sus hijos podrían ver. Entonces enséñeles, incluso a las edades de cinco a siete años, a avanzar en los anuncios. Muéstreles cómo hacerlo. No necesitarán mucho tiempo para aprender.

No solo los miembros de su familia se librarán de anuncios soeces; también convertirán un programa de 30 minutos en un tiempo de 22 minutos. ¿Quién no podría utilizar los ocho minutos extra?

Pregunta: Recientemente estábamos detenidos en un semáforo en rojo y la persona que iba en el auto al lado de nosotros llevaba una música muy alta. En cuestión de unos segundos, nuestros niños pequeños fueron expuestos con lenguaje horrible y material temático (aunque no creo que entendieran los temas). ¿Qué deberíamos hacer cuando nuestros hijos se encuentren "accidentalmente" con contenido ofensivo?

Si es usted como yo, querrá gritar: "¡Tápense los oídos, niños! ¡Tápense los ojos!". Pero con frecuencia, este tipo de incidentes suceden con demasiada rapidez y están en gran parte fuera de nuestro control.

Espero que sean raros para usted. Pero cuando se produzcan, le alentaría convertirlos en momentos de enseñanza.

No quiero llevarle a pensar que cuando mis hijos estaban creciendo teníamos esto como una ciencia, pues no era así. Pero nos propusimos utilizar situaciones como esas para reforzar principios de discernimiento de los que ya estábamos hablando en casa.

Cuando Kelsey tenía nueve años y Trevor seis, por ejemplo, nos fuimos unos cuantos días para esquiar sobre hielo. Después de una tarde de esquiar, caernos y quemarnos bajo el sol, nos dirigimos a una pizzería cercana. Cuando llegó nuestra comida, alguien puso unas monedas en la máquina de discos. La primera canción que sonó en el establecimiento era una canción que me resultaba problemática, debido a su perspectiva muy nihilista.

Miré enfrente a Leesa. Ella levantó sus cejas como para decir: "¿Qué es esta basura que estamos oyendo?".

Nos sentimos frustrados. Pero yo me resistí a la urgencia de gritar: "Bien, niños, ¡agarren la pizza y nos vamos al auto ahora mismo!". Utilicé ese momento de enseñanza para explicar (una vez más) que algunas formas de entretenimiento sencillamente no son saludables para nuestros oídos y nuestros corazones. Pregunté: "¿Quién necesita oír que el mundo es muy malo y que no hay esperanza alguna?". Ese era un concepto que mis hijos, incluso a esa temprana edad, podían entender.

Poco después de aquella experiencia, Kelsey y yo íbamos en el auto juntos. Yo había estado recorriendo canales en la radio, y sintonicé una emisora country. Normalmente soy bueno para cambiar el dial cuando necesito hacerlo, pero me distraje. Kelsey preguntó: "Papi, ¿es esa una buena canción?". No lo era. La apagué, un poco avergonzado, pero contento de que Kelsey hubiera reconocido la debilidad de la canción por ella misma.

Después de otro incidente como el de la pizzería, pregunté a Trevor qué había aprendido. Su respuesta no tenía precio: "Era música mala".

"¿Qué es la música mala?", pregunté.

"Música sobre matar a personas", respondió mi hija. En otra ocasión, la oí definirla como "música con malas palabras".

A medida que mis hijos fueron creciendo, hablamos de otros elementos problemáticos, incluyendo asuntos sexuales. Pero en aquel momento de sus vidas, "matar a personas" y "malas palabras" eran cosas que ellos entendían.

¿Serán sus hijos atacados por la espalda por "entretenimiento" no bienvenido en semáforos, restaurantes y otros lugares? Puede usted contar con eso. Pero utilizar esos momentos como momentos de enseñanza producirá toda una vida de fruto positivo. También puede usted contar con eso.

Pregunta: Nuestros hijos tienden a ver cosas bastante inocentes en la televisión, pero pasan demasiado tiempo en eso. Nunca salen fuera. Se las han arreglado para no tener sobrepeso o nada parecido, pero me molesta que se están perdiendo muchas otras cosas que la vida tiene que ofrecer. Si yo intento hacer que se levanten del sofá, se quejan durante toda la actividad y no pueden esperar a volver a ponerse delante de la pantalla. ¿Cómo puedo cambiar ese patrón?

En primer lugar, considérese afortunado de que el estilo de vida sedentario de sus hijos no haya dado como resultado una excesiva subida de peso. De 173 estudios analizados relacionadas con los medios, el 80 por ciento indicaba una o más relaciones adversas (incluida la obesidad) cuando se trata de la exposición de los niños a los medios.[6]

Además, los niños que desarrollan el hábito de ver en exceso la televisión tiene probabilidad de traspasar ese hábito a la edad adulta, donde quienes ven más de cuatro horas de televisión al día tienen el 80 por ciento más de probabilidades de morir de enfermedades cardio-vasculares que quieres ven menos de dos horas.[7]

Usted es el padre; usted pone las reglas. Es estupendo que vea los errores de sus hijos, pero debe usted ponerse firme y tomar el mando.

Le sugiero que adopte un sistema de recompensas por ver la televisión. Por cada 15 minutos de juego físicamente activo, ejercicio o deportes, ofrezca compensación; por ejemplo, una estrella dorada o puntos (recuerde que los puntos son gratis; ¿por qué ofrecer un solo punto cuando puede ofrecer mil o más?). Permita que los niños cambien esas estrellas o puntos por ciertas cantidades de tiempo de televisión; por ejemplo, cuatro estrellas o 4000 puntos (una hora de ejercicio) por 30 minutos de televisión.

Nada de ejercicio significa nada de televisión. Sea firme. ¡Se sorprenderá de lo físicamente activos que sus hijos se volverán en muy poco tiempo!

Pregunta: Mi hijo siempre está escuchando su iPod, pero no tengo ni idea de lo que escucha. ¿Cómo puedo supervisar lo que él escucha? ¿Debería intentarlo?

Yo estoy a favor de entrar en el mundo de entretenimiento de su hijo. Por tanto sí, debería supervisar sus elecciones musicales. Pero no pase a husmear (aunque hay lugar para eso en algunas situaciones).

Comience preguntando a su hijo qué está escuchando. Si es un grupo del que usted nunca ha oído, pregunte sobre el género y el tema de las canciones. Busque en Google al grupo y sus letras. Entonces podrá hablar con su hijo de lo que le gustó y por qué. Si encuentra algo que no cumple con la norma familiar, pronto lo sabrá también.

Si su hijo utiliza iTunes, regístrese. En la versión que hay actualmente al escribir esto, encontrará la palabra "Biblioteca" en la parte superior izquierda de la página después de hacer clic en "Archivo". Haga clic en "Biblioteca" y le mostrará todas las canciones que haya en el iPod de su hijo.

Pero no utilice este método exclusivamente. Si su hijo quiere que usted no se entere, hay maneras de lograrlo. Después de descargarse música a su iPod, sencillamente puede borrar todos los archivos que hay en su cuenta de iTunes. Este método evitará que él vuelva a esas selecciones musicales en el futuro, pero evita que usted sepa lo que se ha descargado, si es que era esa su intención.

La manera más constructiva de mantenerse al tanto de las selecciones musicales de su hijo es preguntarle. Lo más confiable puede que sea examinar el iPod mismo. La lista de canciones, artistas, videos, descargas e incluso fotos (si hay alguna) estará almacenada ahí. (Nota: si su hijo tiene una marca distinta de MP3, refiérase a las instrucciones de ese aparato).

Pregunta: Un par de familias en la iglesia han descubierto que yo permito a mi hijo escuchar música rap; no toda, pero parte. Ellos no pueden creer que sea tan permisivo, y prácticamente me están aislando. Dicen que estoy haciendo que sea más difícil para ellos mantener las normas de sus familias cuando sus hijos pueden decir: "Pero a fulanito le dejan escucharlo". ¿Me corresponde a mí mantener la paz aquí?

No hay nada inherentemente malo en la música rap. Al escribir esto, sin embargo, hay muy poco rap popular que sea positivo y edificante. Las opciones son rap cristiano o material secular muy inquietante.

Si lo que usted permite escuchar a su hijo es la música que está en lo alto de las listas, permítame hacerle una pregunta: ¿dónde trazar la línea? ¿Está bien que su hijo escuche una canción que defienda un tiroteo pero no dos? ¿Está bien permitirle que escuche una canción que dé glamour a la marihuana, pero no a la cocaína? Para mí, eso es buscarle tres pies al gato.

Si está permitiendo que su hijo consuma música rap problemática, yo tendría que estar de acuerdo con las familias que creen que usted está haciendo que sea más difícil para ellos construir límites sanos. En mi experiencia, permitir a su hijo traspasar la línea le alentará a tomarse incluso más libertades más adelante. ¿Por qué ir hasta allí? Yo sugeriría que descarte la basura y permita solamente lo sano. Y asegúrese de hacer saber a esos otros padres sobre su cambio de perspectiva.

Sin embargo, si ha encontrado una canción de música rap popular que sea positiva o neutra, habrá hecho un raro descubrimiento. Siga adelante y consienta que su hijo la escuche. Solamente asegúrese de que los padres que piensan que es usted demasiado "permisivo" entiendan sus razones.

Como regla, sin embargo, espero que haga saber a esas mamás y papás que está usted en su campamento. Y que también usted trabaja con diligencia para poner salvaguardas que sean productivas a la larga. Puede que no se necesite una aldea para criar a un niño, pero seguro que no hace daño cuando los aldeanos están en el mismo nivel.

Pregunta: Acabo de descubrir que mi hija tiene toda una colección de CD, todos los cuales tienen etiqueta con precaución parental. Me gustaría quemarlos en el patio trasero, o al menos pasar por encima con mi vehículo. Pero eso probablemente no mejorará nuestra relación. ¿Cómo puedo sacar esa música horrible de la vida de mi hija sin que ella quiera que yo también me vaya?

Si realmente nunca ha hablado con su hija acerca de lo que significa tomar decisiones sobre entretenimiento que sean sanas y honren a Dios, quemar los CD no es su mejor curso de acción. En cambio, sugeriría una política de recompra.

Descubra cuántos discos tiene, y páguele una cantidad aceptable por cada uno; ofrecer el precio al que los vende su tienda local sería justo. Cuando ella vea que usted que no entra en su cuarto con un martillo y una papelera, entenderá más fácilmente que usted tiene en su corazón el mejor interés para ella.

Asegúrese de hablar sobre lo que significa poseer productos de entretenimiento permisibles. Haga de esa conversación parte de escribir una Constitución familiar sobre medios (véase el capítulo 7). Hágale saber que si alguna vez tiene dudas sobre lo que está permitido, puede preguntarle a usted.

Asegúrese también de que ella entienda que la política de recompra es válida solo hasta que su Constitución familiar esté terminada. Desde entonces, si ella quebranta la norma familiar, tendrá usted la opción de poner todos los CD debajo de las ruedas de su vehículo.

Pregunta: He intentando hacer que mis hijos adolescentes escuchen música cristiana contemporánea en lugar de sus grupos favoritos, pero sencillamente no les gusta. Quizá sea demasiado parecida a la iglesia. De todos modos, si no puedo hacerles cambiar, ¿debería trabajar para conseguir que dejen de escucharla totalmente?

Yo soy un gran creyente en la música cristiana. He encontrado aliento en los mensajes, los cuales con frecuencia refuerzan la verdad bíblica. Mediante melodías de adoración, he hallado un mayor sentimiento de intimidad con el Señor.

Sin embargo, no soy alguien que crea que las melodías seculares son inherentemente del diablo. ¿Cuántas veces ha cantado usted el "Cumpleaños feliz"? Y no es una canción cristiana, ¿verdad?

Como ya he observado, creo que hay tres tipos de entretenimiento: positivo, neutral y negativo. Si sus hijos están escuchando los dos primeros, considérese afortunado. ¡Permítales escucharlo!

Aun así, no hace daño alentarlos a tener más conocimiento sobre música cristiana contemporánea (MCC). Hacer que cambien a MCC, o al menos que escuchen más de lo que la escuchan en la actualidad, puede que sea tan sencillo como hacer que dejen atrás una idea equivocada común.

A lo largo de los años, incontables adolescentes me han dicho que creen que la calidad de la música cristiana sencillamente no está a la altura de la música popular. Mis oídos me dicen otra cosa. A pesar de mis protestas, esos adolescentes se mantienen firmes, seguros de que pueden detectar algún tipo de deficiencia de audio en la MCC.

Hace unos años decidí llegar al fondo de este debate entrevistando a tres productores musicales muy respetados, todos los cuales han aportado sus talentos a álbumes seculares de éxito y a MCC. Les pregunté a Michael Omartian, David Kershenbaum y Rick Will si sentían que la música cristiana era artísticamente inferior a lo que se estaba escuchando en las listas populares.

Omartian, cuyo currículum incluye trabajo para Whitney Houston, Christopher Cross, Amy Grant y 4Him, dijo: "Podría haber habido una época en que el argumento [que la MCC es de segunda clase] podría establecerse". Sin embargo, él cree que esos tiempos se fueron hace mucho.

Tal como lo ve Omartian, los adolescentes que afirman la preeminencia de la música popular están lanzando una cortina de humo para encubrir un problema más profundo. Si estás en una habitación con un grupo de no creyentes y alguien pone una canción cristiana, ¿piensas en ella desde el punto de vista: 'Estoy avergonzado por el mensaje'? La música podría ser fantástica, pero en el momento en que la palabra 'Jesús' aparece, ¿te avergüenzas de eso o estás orgulloso de eso?".

Bastante justo. Pero ¿y la percepción de que los artistas de MCC son segundones frustrados que no tuvieron la capacidad para lograrlo en las "ligas principales"? "Hay realmente muchos artistas cristianos que tienen más talento que los artistas pop", dijo Rick Will, que compartió estudios con Matchbox 20 y No Doubt, al igual que con Charlie Peacock y CeCe Winans. "Ellos tienes más educación musicalmente hablando. Están mejor formados, sin quedar enredados en intentar ser famosos y todas las cosas que eso conlleva".

No pude evitar preguntar cómo será posible que la MCC siga el ritmo de las producciones populares cuyos presupuestos parecen no tener fin. Will explicó: "Hay maneras de hacer estupendas grabaciones de forma más barata. Nuestro tiempo de mezclas podría ser un porcentaje menos que el que emplearíamos en un álbum pop, pero en realidad no creo que eso haya afectado al trabajo. [Con el equipo digital actual], la gente puede grabar en su casa y puede sonar muy bien".

Según Omartian, el campo está mucho más nivelado de lo que podríamos pensar. "Realmente se trata de utilizar el equipamiento o utilizar cualquier cosa que uno tenga y las ideas y la creatividad", dijo él. "Yo hice una grabación recientemente que fue la grabación de dos canciones más barata que haya hecho jamás, y resultó que contenían dos de mis pistas favoritas que haya creado jamás".

Kershenbaum, un veterano por 20 años con más de 40 discos de oro y de platino para mérito de él (por artistas que incluyen a Tracy Chapman, Bryan Adams, Tori Amos, Blessid Union of Souls y Kim Hill) añadió: "Mientras uno esté preparado, y entres en el estudio sabiendo exactamente lo que quieres hacer, los músicos son lo bastante rápidos y lo bastante buenos para grabar fácilmente dentro de los límites del presupuesto".

Will estuvo de acuerdo en que no se necesita una fortuna para grabar un disco de primera clase si los otros elementos están en su lugar: "Yo creo que cuando se tienen grandes canciones, como el CD *Soul* de Margaret Becker, puedes grabar en tu dictáfono y sucederá. Si la canción es increíble, el proceso y la grabación son secundarios. Por eso hay grandes grabaciones cristianas en todas partes. Se trata en primer lugar de la canción y la honestidad de ella".

Espero que usted compartirá con sus hijos los comentarios de estos tres caballeros tan dotados, especialmente si sus hijos adolescentes han relegado la MCC al estatus de segundona. Sería una lástima que ellos se perdieran música increíble que podría enriquecer sus vidas.

Pregunta: ¿Por qué los jóvenes tienen que poner su música tan alta? ¿Es porque sus iPod les están dejando sordos? Si les pido a mis hijos que bajen la música, ellos se quejan. Si les pido que usen auriculares, hacen eso, pero no bajan el volumen. Por tanto, probablemente vayan a quedarse sordos. Estoy segura de que cuando van a conciertos, se ponen tan cerca de los altavoces como sea posible. Yo no puedo seguirlos a todas partes para asegurarme de que el sonido esté bajo o que se tapen los oídos cuando sea necesario. ¿Cómo puedo proteger su audición?

¡Puedo identificarme con esta pregunta! Recientemente, mi esposa y yo asistimos a un concierto en el Pepsi Center en Denver. Aunque los dos artistas principales ocasionalmente tocaron canciones acústicas, muchas de ellas tenían un volumen muy alto, dirigidas hacia las guitarras eléctricas. Hubo momentos en que recurrí a taparme los oídos con un pañuelo. En cierto punto, Leesa y yo salimos del auditorio principal para encontrar un poco de alivio. Incluso el día después del concierto, ella se quejó de que le pitaban los oídos.

Necesito confesar algo aquí. Yo no he sido muy bueno con mis oídos. Cuando era adolescente, asistí a varios conciertos de música muy alta, y no puedo recordar ni una sola vez en que me fuera o utilizara auriculares o un pañuelo. Puede que ocasionalmente me tapase los oídos con los dedos, pero aquello probablemente era raro. Como resultado, tengo cierta pérdida de audición hasta la fecha. Estoy bastante seguro de que no hay nadie a quien culpar sino a mí mismo.

En cuanto a los iPod, con frecuencia escucho música o descargas mediante auriculares, especialmente cuando hago ejercicio. Debido a que lo he hecho de modo equivocado por muchos años, soy muy consciente de lo que constituye un nivel de volumen seguro. Creo que esta confianza llegó principalmente al realizar una prueba de audición y ver los resultados sobre el papel. Cuando observé cómo mi audición difería de lo que se consideraba normal, finalmente entendí que necesitaba realizar algunos cambios.

Según el *Journal of the American Medical Association*, aproximadamente uno de cada cinco adolescentes estadounidenses sufre cierto tipo de pérdida auditiva. Un estudio australiano, mientras tanto, descubrió un vínculo entre la pérdida auditiva y el uso de reproductores MP3: un 70 por ciento en el aumento de riesgo. Y un estudio de alumnos universitarios de Nueva York descubrió que más de la mitad escuchaban sus reproductores de música portátiles por encima de los niveles de volumen recomendados.[8]

En cuanto a proteger la audición de sus hijos, sugiero que les haga un examen de audición. Tenga los resultados en un archivo. Dentro de un par de años, hágales la prueba de nuevo.

Haga que un profesional interprete los dos exámenes. ¿Ha habido un cambio significativo?

Mientras esté realizando el examen de audición a sus hijos, haga preguntas al audiólogo. ¿Qué ha observado sobre los reproductores MP3? ¿Y sobre los conciertos? ¿Qué consejo daría ese profesional?

Puede que quiera llamar con antelación y hablar con el audiólogo de lo que tiene intención de preguntarle, y por qué. Todos sabemos que hay veces en que nuestros hijos aceptarán mejor el consejos de otras personas; sugiero que este sea uno de esos momentos.

Pregunta: Agarré a mi hija descargando música pirata. Ella cree que no hace daño a nadie y que no puede permitirse comprar los CD a "esas monumentales discográficas ricas". ¿Cómo puedo hacer que vea que lo que está haciendo está mal?

En cierto modo, el fácil acceso a la internet ha llevado a muchos a pensar que hay una olla gigantesca de música gratis ahí para que cualquiera la tome. Yo aliento a los jóvenes a que comparen música ilegalmente descargada con algo más concreto: el hurto.

Haga a su hija esta pregunta: ¿Qué pensarías de una persona que entrase en alguna tienda con ropa muy holgada y muchos bolsillos con el propósito de cargarse con todos los CD que pudiera ocultar, y salir a hurtadillas de la tienda? Es probable que su hija dijera algo como: "Ah, ¡eso sería robar! ¡Eso estaría mal!".

Cuando usted haya establecido esa relación, no es difícil destacar que solo porque algo está disponible en línea y no venga dentro de una caja, sigue siendo robo. Su hija pude que no necesite que le recuerde que Dios fue el primero en declarar que tomar algo que no le pertenece a ella está mal. Pero por si acaso, es el octavo de los Diez Mandamientos.

En cuanto al intento de su hija de justificar sus actos diciendo que las discográficas tienen mucho dinero, recuérdele que el punto de vista de Dios sobre el robo no tiene nada que ver con los bienes económicos de la víctima. Robar es robar, ¡punto!

En caso de que ella estoy plenamente convencida, pregúntele

cómo se sentiría en cuanto al siguiente escenarios: ella va al banco a retirar cien dólares de su cuenta para comprar productos cristianos. Cuando cuenta los billetes y sale del banco, un hombre sin techo le arrebata el dinero de su mano y sale corriendo. Pero le grita por encima del hombro: "Solo le quito su dinero porque usted es más rica que yo; yo ni siquiera *tengo* una cuenta bancaria".

¿Cómo se sentiría ella? ¿Le haría pensar la falta de recursos de él: *Bueno, está bien que me robase mi dinero porque él tiene menos que yo?* Probablemente no. Decidir donar dinero al hombre sería una cosa; que él se lo robase seria otra.

Además, "esas monumentales discográficas ricas" no son las únicas que sufren cuando se piratea la música. ¿Qué de los músicos mismos, muchos de los cuales (aparte de las súper estrellas) batallan cada vez más para poder vivir de su arte?

No rendirse

No hay duda al respecto: practicar discernimiento en cuanto a los medios no siempre es sencillo o fácil, y puede aumentar la fricción familiar, al menos temporalmente. Pero espero que como mis sugerencias en este capítulo hayan mostrado, no tiene que convertir su casa en un campo de tiro o un campo de concentración. Siempre hay una solución, perfecta o no, mientras usted y su hijo mantengan abiertas las líneas de comunicación.

Así es como lo expresan los autores Joe White y Lissa Johnson:

¿Quiere cerrar la brecha existente entre usted y su hijo? La comunicación es la clave para toda relación, incluso la suya.

Independientemente de dónde se encuentre en los niveles de intimidad, puede construir confianza entre los dos. Puede confrontar sin desconectar, y a su tiempo las confrontaciones pueden ser cada vez menos y estar más distanciadas. Como nos dijo un adolescente: "[Mis padres y yo] trabajamos en construir nuestras habilidades de comunicación. Ahora hay menos enojo y tensión entre nosotros".

Nunca es demasiado tarde para comenzar a comunicarse con su hijo.

Y siempre es demasiado pronto para dejar de intentarlo.[9]

tercera parte

Mantener la paz y transmitirla

Poner la tecnología de su parte

Antes de que mi hija se casara, hicimos un último viaje de vacaciones familiares. Mientras estábamos cenando una noche, la música de fondo del restaurante presentaba melodías clásicas de la década de los sesenta y los setenta. Yo desafié a mi familia a jugar a "Adivina el artista".

Bien, no fue una competición justa porque la música en su mayor parte no resultaba familiar para mis hijos, y a mi esposa nunca le importaron mucho los éxitos de "nuestra" generación. Pero incluso yo me quedé atascado en una canción. Me resultaba familiar, pero no podía identificar el nombre del grupo. Fue entonces cuando mi hijo, Trevor, sacó su teléfono celular; unos cuantos clic después, anunció con orgullo quién era el artista.

¿Cómo? Su teléfono celular tiene una aplicación que puede identificar canciones y las personas que las grabaron. ¡Vaya!

El científico de la computación, Alan Kay, dijo una vez: "Tecnología es cualquier cosa que fue inventada después de que usted nació"[1]. En mi caso, esa aplicación para el teléfono celular ciertamente se aplica. Aun así, aunque es casi imposible mantenerse al día de *todos* los últimos y mejores avances tecnológicos, la mayoría de padres no están totalmente en la oscuridad. La "brecha tecnológica" ha disminuido considerablemente en los últimos años, hasta el punto en que muchas madres y padres regularmente escriben a sus hijos, ¡algunos incluso mientras están en la misma casa! (Yo no recomiendo eso). Les escriben el último acontecimiento "noticiable" y se mantienen al tanto con los amigos de sus hijos "haciéndoles amigos" en Facebook.

Por tanto, si el puente tecnológico sido cubierto, ¿cuál es el gran desafío? Quizá sería hablar sobre cuánto tiempo su hijo preadolescente pasa en las redes sociales como Facebook, o en YouTube. Quizá sea el deseo de su hija de tener texto ilimitado en el teléfono celular o una tendencia a ir por la casa con auriculares puestos, escuchando incontables horas de música en su reproductor de MP3. Quizá sea si su hijo debería competir contra otros jugadores de video en todo el planeta a la vez que está conectado por Skype con sus contrincantes internacionales.

Lo más probable es que su hijo joven esté en línea en algún momento hoy. Con la internet inalámbrica y los teléfonos que actúan como computadoras, ¿estará expuesto a influencias dañinas, justamente delante de sus narices?

Lo que usted no sabe puede dañar a sus hijos

Aunque la "brecha tecnológica" ya no es lo que era, sería ingenuo decir que no es ningún problema. Dependiendo de dónde esté usted en la curva de la tecnología, sigue siendo posible que la experiencia de su hijo con cierto producto, software o aparato le sitúe en riesgo; mientras usted no se da cuenta de ello. Si no, el siguiente último producto puede convertirse en ese caballo de Troya.

Debido a que la tecnología avanza a un ritmo trepidante, evaluar las consecuencias de nuevos aparatos y herramientas podría ser un trabajo de tiempo completo. Además, productos que se comercializaron con críticas muy favorables hace tan solo unos años (y que finalmente entendemos) ahora están llenos de polvo en las estanterías de las tiendas.

Afortunadamente, no todos tenemos que llegar a ser unos genios de la tecnología. Tan solo necesitamos saber en qué están nuestros hijos, y familiarizarnos con los beneficios, perjuicios y salvaguardas que proporciona la tecnología. Pero a pesar de donde esté usted en la curva de conocimiento de los aparatos, proteger a sus hijos de los aspectos negativos de la tecnología requiere una participación parental activa.

Qué saber 1: Cuánto utiliza su hijo la tecnología

Muchos padres y madres están en la oscuridad cuando se trata de la cantidad de tiempo que sus hijos pasan delante de pantallas y teléfonos inteligentes. El psicólogo, Dr. Archibald Hart relata esta historia en su libro *Sleep, It Does a Family Good* [Duerme; hace bien a la familia]:

La llamada del consejero escolar de Todd llegó de repente. Afortunadamente, Melissa, madre del quinceañero Todd, estaba en casa esa mañana. No se sentía bien y se había tomado el día libre para descansar.

"Sra. Andrews, siento tener que llamarla a su casa, pero hay un problema con el trabajo escolar de Todd del que necesito hablarle. ¿Cuándo podemos reunirnos?".

Melissa no tenía ni idea de que algo anduviera mal. Llamó a su esposo, Jim, al trabajo. "Hay un problema con Todd en la escuela, y el consejero quiere hablar con nosotros... No, no tengo ni idea de lo que se trata; solo dime cuándo puedes estar disponible para que vayamos a hablar con el consejero".

El consejero fue directamente al grano. "He recibido varios informes de los maestros de Todd diciendo que se queda dormido en su pupitre regularmente. Ellos han intentado amonestarle, pero él no parece mejorar. Necesitan vigilar el problema. Quizá tenga un trastorno del sueño", sugirió el consejero.

Jim y Melissa confrontaron a Todd en cuanto llegó a casa de la escuela. "No es gran cosa, solo ha sucedido un par de veces", respondió él, quitándole importancia al asunto. Pero Melissa y Jim insistieron en obtener ayuda y acudieron a mi oficina para consejería.

Al principio, me reuní solo con Jim y Melissa. Les sugerí que hicieran una evaluación del patrón de sueño de Todd y le dieran algunos exámenes para los que rellenara, parecidas a las hojas de evaluación que presentaré más adelante. Dije: "Y por favor, comprueben los informes del teléfono celular de Todd y vean cuán frecuentemente utiliza su teléfono en la noche".

"¿Informes del teléfono celular?". Ambos parecieron sorprendidos.

"Sí", dije yo. "Informes del teléfono celular. Algo debe de hacer que se mantenga despierto hasta muy tarde si ustedes le envían la cama a una hora razonable. Confíen en mí".

Pronto descubrimos que Todd había estado mandando mensajes de texto a sus amigos hasta las horas de la madrugada. Lo hacía en la oscuridad, debajo de las sábanas para que sus padres no se enterasen. Parecía que se quedaba dormido alrededor de las tres de la tarde la mayoría de los días, presumiblemente por puro agotamiento. Si así no fuera, hubiera seguido durmiendo hasta el amanecer. Todd no tenía un trastorno del sueño, ¡solamente una laxa supervisión familiar! Bienvenido a la familia estadounidense promedio.[2]

Mikaela Espinoza, de diecisiete años, confirma lo extendido que está el problema: siempre que oigo sonar mi teléfono, me gustaría despertar y responder. Creo que muchos jóvenes se pasan la noche entera mandando mensajes de texto".

El médico de Mikaela determinó que sus migrañas estaban causadas por dormir poco debido a usar en exceso el texto. "Antes de la tecnología, nos íbamos a dormir cuando el sol se ponía, dice el Dr. Myrza Pérez, un especialista en trastornos del sueño. "Ahora, con todas estas distracciones, los adolescentes a solas en sus cuartos se quedan despiertos hasta muy tarde con sus teléfonos celulares y computadoras. Sus padres no tienen ni idea de ello".[3]

Margie Ryerson, terapeuta de California, describe los hábitos como el "Trastorno CNN": Algunos jóvenes ansían estar al día las 24 horas sobre lo que sus amigos están haciendo, viste e incluso comen.[4]

Según Maggie Jackson, autora de *Distracted: The Erosion of Attention and the Coming Dark Age*: "[Los adolescentes] viven en una cultura institucionalizada de interrupción, donde nuestro tiempo y atención son fragmentados por una corriente interminable de llamadas telefónicas, correos electrónicos, mensajes instantáneos, mensajes de texto y *tweets*".[5]

Nunca antes ha habido una invasión tan constante de *cosas* que llegan a nuestros hijos desde todas partes. No supervisar al menos un porcentaje de esas interrupciones es, creo yo, es imprudente.

Igualmente lo es ignorar la posibilidad de que nuestros hijos puede que sean adictos a la tecnología. Un estudio británico sugiere que la "adicción a la tecnología" es un problema creciente entre adolescentes. Aproximadamente el 63 por ciento de los encuestados entre los 11 y los 18 años de edad dijeron que se sentían adictos a la internet; más de la mitad dijeron que se sentían adictos a sus teléfonos celulares.[6] Una estudiante universitaria de primer año de Hackensack, Nueva Jersey, resumió lo que muchos adolescentes sienten sobre sus teléfonos celulares cuando le dijo a la CBS: "Cuando no tengo mi teléfono, siento como si no fuese a lograr terminar ese día".[7]

Muchos jóvenes también parecen estar demasiado apegados a Facebook, Twitter y otras redes sociales. La empresa Nielsen, viendo el uso de la internet en 2010, descubrió que los usuarios de Facebook pasan un promedio de 5,5 horas en la página al mes, desde las 2 horas y 10 minutos que pasaban hace solo dos años. Solamente en los Estados Unidos, el tiempo que se pasa en Facebook aumentó hasta el 200 por ciento entre 2009 y 2010, y el tiempo que se pasa en Twitter ascendió al 368 por ciento.[8] Para ser justos, esta fascinación por las redes sociales no está limitada a adolescentes y preadolescentes. Un reciente estudio a mujeres adultas de edades entre 18 y 34 años descubrió que ¡una tercera parte comprueba Facebook antes de utilizar el baño en la mañana![9]

Y hablando de adicción a la tecnología, no nos olvidemos de los juegos de video. Desde junio de 2008 hasta junio de 2009, la cantidad de tiempo que el jugador promedio de consola pasó jugando cada mes saltó al 21 por ciento, hasta 12,8 horas, según Nielsen Media Research.[10] El diseñador de juegos de video, Paul Bertone, Jr., de Bungle Studios de Microsoft, hablando antes del lanzamiento de *Halo 3*, hizo esta afirmación: "Hacemos muchas pruebas para asegurarnos de que tenga fácil acceso, sea fácil de jugar y es de esperar, que sea fácil volverse adicto a él".[11]

Entiendo que las mamás y los papás no son omniscientes, ni tampoco omnipresentes. Pero gran parte del problema puede resolverse sencillamente haciendo preguntas y familiarizándose con los aparatos que utiliza su hijo para obtener información, conectarse con amigos y consumir entretenimiento. Me aventuraría a decir que los padres de Todd y de Mikaela podrían haber evitado esos problemas de sueño y de migrañas simplemente mirando con más detalle las facturas telefónicas de los teléfonos celulares de su familia.

Pero ¿no es eso ser un *fisgón*? ¡No lo creo! Eso es una crianza sabia, lo cual nos lleva al siguiente punto.

Qué saber 2: Lo que hace su hijo con la tecnología

Yo les dije a mis hijos claramente que los mensajes de texto, los mensajes instantáneos y el historial en la internet estaban abiertos a otros miembros de la familia. Ellos podían leer los míos, y yo podía leer los de ellos. Yo podía comprobar las páginas que ellos visitaron, y ellos eran bienvenidos a ver dónde había estado yo.

Cuando mis hijos vivían bajo mi techo, yo visitaba regularmente sus lugares de redes sociales (y lo sigo haciendo, por diferentes razones). No solo quería ver cómo se expresaban mis hijos, sino que frecuentemente accedía a las páginas de sus amigos para ver fotos que habían puesto, respuestas que habían dado y cuestionarios que habían completado.

Algunos padres podrían ser reacios a probar esto, creyendo que sería una invasión poco sana de la intimidad. Pero consideremos lo siguiente: en 2008, el 22 por ciento de los gerentes comprobaron el perfil en las redes sociales de los solicitantes de trabajo antes de contratar. Un año después, la cifra aumentó hasta el 38 por ciento.[12] Si los posibles patrones creen que es importante investigar, ¿cuánto más necesitan los padres saber lo que está sucediendo?

¿Prefiere su hijo la radio en línea a la carta como Pandora, last.fm o Slacker? ¿Es usted consciente de que aunque él o ella pudiera estar reuniendo una lista de canciones cristianas en ese iPhone, también es fácil acceder a la música profana y sórdida actual, a veces incluso sin intención?

¿Qué videojuegos prefiere su hijo? ¿Juega solo, en línea, o durante incontables cosas en su teléfono celular? El hecho de que la popularidad de los juegos está creciendo no es un problema en sí mismo, pero aumenta la probabilidad de que sus propios hijos sean parte de esta tendencia. Si es así, ¿qué están jugando y cuanto tiempo dedican a ello?

¿Sabe usted qué páginas frecuentan sus hijos en la internet? Millones utilizan la web para acceder a hechos útiles y consejos prácticos, pero muchos jóvenes no se detienen ahí. Un estudio realizado por la empresa de seguridad Symantec Corporation y OnlineFamily. Norton identificó las 100 principales búsquedas en la internet que los jóvenes realizan. En primer lugar estaba YouTube. En cuarto lugar estaba "sexo". "Pornografía" estaba en sexto lugar.[13]

Los padres tienen delante un gran desafío. Páginas en la internet orientadas totalmente a adultos en 2010 llegaron a los 4,2 millones: aproximadamente un 12 por ciento del total de la web.[14] El National Center for Missing and Exploited Children (Centro Nacional para Niños Desaparecidos y Explotados) informa que uno de cada cinco niños de edades entre 10 y 17 años que utilizan la internet ha sido solicitado sexualmente en línea; y el 25 por ciento ha estado expuesto *sin quererlo* a imágenes de desnudez. La misma organización observa que durante los últimos 10 años ha habido casi 740 000 informes explotación sexual infantil a CyberTipline, administrada federalmente.[15]

Incluso si su hijo no ve pornografía en la internet directamente, hay abundante cantidad de material depravado que está disponible en lugares como YouTube, donde se ven más de mil millones de videos cada día.[16]

Desde luego, esos videos no son todos ellos problemáticos. Algunos son inocuos, como el de un hombre que puede trazar un círculo casi perfecto sobre una pizarra. Otros inspiran, como la grabación de personas que son rescatadas de terremotos e inundaciones. Hay videos educativos y otros muy divertidos. Y los cristianos utilizan cada vez más el video en línea con propósitos espirituales, en GodTube, por ejemplo.

Pero a pesar de las afirmaciones de muchas páginas populares en línea de que ellos no permiten pornografía, hay material muy espantoso que acecha ahí. Lo casi pornográfico es rutina; incluso la pornografía dura ocasionalmente se cuela. YouTube restringe el acceso a algunos de sus contenidos más explícitos a los mayores de 18 años; sin embargo, es demasiado fácil para cualquier joven mentir sobre la edad (no que los adultos deberían ver ese contenido).

Sin dirección parental, YouTube puede pasar rápidamente de ser amigable con la familia a ser un importante enemigo. También puede suceder en otros populares lugares de videos, como video.google.com, video.yahoo.com, vids.myspace.com y hulu.com.

¿Sabe lo que sus hijos han estado viendo en la web? Muchos padres no lo saben. El 40 por ciento de los adolescentes dicen que no les dicen nada a sus padres, o prácticamente nada, acerca de lo que hacen en línea.[17]

Muchas mamás y papás tampoco parecen saber nada cuando se trata de una antigua manera de ver videos: el televisor. La Fundación Kaiser descubrió en un estudio en 2010 que el 71 por ciento de los jóvenes de 8 a 18 años tienen un televisor en su cuarto, y que el 68 por ciento de esos jóvenes dicen que sus padres no tienen en absoluto ninguna regla cuando se trata de ver televisión.[18] Si queremos que la tecnología se ponga de nuestra parte, necesitaremos hacer algo mejor que eso.

Qué saber 3: Si su hijo es un acosador o una víctima

La tecnología puede ser una herramienta maravillosa, pero también puede introducir un mundo de daño, especialmente cuando es una herramienta para acosadores o depredadores.

Ya es bastante malo que el 20 por ciento de los adolescentes admita haber enviado fotografías subidas de tono de ellos mismos vía teléfono celular o por correo electrónico, y que el 11 por ciento de ellos hayan enviado tales fotografías a completos extraños.[19] Ya es bastante malo cuando incluso más, el 39 por ciento, dicen que han enviado o posteado correos electrónicos, textos o mensajes instantáneos sexualmente sugerentes.[20]

Pero cuando amigos no tan amigables utilizan las cámaras de sus teléfonos celulares en vestuarios y otros lugares privados, o sencillamente reenvían fotografías reveladoras que otros han tomado, los resultados pueden ser fatales:

- Jesse Logan, 18 años, se ahorcó en 2008 después de que una fotografía de ella desnuda que había enviado a su novio fuese reenviada a otras muchachas de su clase. Según su madre, Jessica comenzó a experimentar acoso de sus compañeros, que la llamaban con nombres degradantes y le lanzaban cosas.[21]
- En 2009, Hope Witsell, 13 años, se ahorcó después de incesantes burlas. Ella había enviado una fotografía de sí misma desnuda a un chico que le gustaba; otra chica utilizó esa foto para reenviarla a muchos de sus compañeros de clase en Tampa, Florida.[22]

Los adolescentes que envían fotografías inapropiadas de ellos mismos o de otras personas no piensan bien en las repercusiones de sus acciones. El experto en seguridad en la internet, Parry Aftab, está preocupado por "la vida digital continuada" de las fotografías sexuales:

[Cuando una fotografía es enviada electrónicamente] podría estar en un millón de lugares y tú nunca sabes quién recibió una copia. Si la tomas en el teléfono y la envías, existe una copia en tu operador de teléfono y en el teléfono del receptor. Quizá se la envió por correo electrónico a sí mismo, de modo que ahora está en su computadora, y si la puso en una tarjeta SD y la utilizó en su Xbox, ahora también está ahí. Además, algunas veces es vendida en el mercado negro digital para su uso en páginas web clandestinas, donde a los depredadores infantiles de verdad les encanta mirarlas.[23]

El ciberacoso no está limitado al uso de fotografías reveladoras. Phoebe Pince, una inmigrante irlandesa de 15 años, se suicidó en 2010 después de ser humillada mediante mensajes de texto y en páginas de redes sociales. Una amiga dijo que la "agradable" y "bonita" muchacha había sido acosada debido a que otros tenían celos de ella.[24]

El suicidio puede que sea una respuesta poco frecuente al ciberacoso, pero el ciberacoso mismo es inquietantemente común. Según un estudio en 2007 de Pew Research, casi el 32 por ciento de los adolescentes han recibido mensajes amenazantes, han visto fotografías vergonzosas posteadas o han comprobado que se difunden rumores sobre ellos en línea.[25] No es ninguna sorpresa, entonces, que en un estudio en 2009 de Cyberbullying Research Center, el 22 por ciento de los jóvenes dijeron haber participado en acoso en línea al menos en dos ocasiones en el mes anterior.[26]

Tampoco es solo un deporte individual. Juicycampus.com, una página web que ahora no existe pero antes fue popular, representaba a 450 escuelas. Era conocida por sus hilos de conversación con espíritu mezquino. Los temas variaban, desde "Personas que peor huelen en el campus" hasta simplemente el nombre de un alumno, seguido por la palabra, "comentar", lo cual con frecuencia conducía a burlas libres para todos de la persona mencionada.[27] Más recientemente, collegeacb.com pareció heredar ese manto como un centro de información para la burla maliciosa.

Recientemente recibimos un correo electrónico de Holly, que explicaba cómo su hija había sido acosada por un exnovio utilizando una página de redes sociales:

> Ella había estado saliendo con un muchacho en particular por más de un año, quien nosotros sentimos que no era una buena elección…En las últimas dos semanas, sin embargo, estuvimos agradecidos al enterarnos de que ella había roto oficialmente con él. Pero por venganza, él creó una nueva página web [MySpace] en nombre de ella y escribió todo tipo de cosas desagradables, sensuales y sin gusto, y también incluyó el número de teléfono celular de ella y su nombre. Después de recibir varias llamadas telefónicas y al darse cuenta de lo que había sucedido, ella pudo hacer que el moderador eliminase el espacio de "él", pero se sintió muy violada por todo ello y bastante triste.

Los acosadores no son los únicos matones que recorren la internet, desde luego. Aprovechándose del anonimato ofrecido por la red, los depredadores sexuales se disfrazan y buscan víctimas.

Una de esas víctimas fue Alicia Kozakiewicz, de 13 años, que desapareció de su casa en Pittsburgh el día de Año Nuevo del año 2002. Su madre, Mary, se describía a sí misma como "no entendida en computadoras en aquel entonces". Ella no creía que no fuese normal que Alicia, una muchacha tímida, pasara un par de horas al día en la internet; cuando Mary y su esposo observaron que su hija utilizaba la computadora muy avanzada la noche, aceptaron sus explicaciones sobre haberse olvidado de terminar su tarea de la escuela.

Ellos no tenían idea de que Alicia había conocido a un hombre en una sala de chat: un programador de computadoras divorciado de 38 años de edad de Virginia. El hombre parecía proporcionarle apoyo emocional, e incluso apoyo incondicional.

Finalmente, convenció a Alicia para que se reuniese con él. Irónicamente, él tenía una hija de su misma edad que acababa de visitarle; después de dejar a su hija en el aeropuerto, viajó hasta Pittsburgh para conseguir su presa.

Por cuatro días mantuvo a Alicia encadenada en su sótano, violándola y torturándola. Él le enseñó un video de los asaltos a un conocido, quien llamó al FBI por temor a poder ser arrestado como cómplice.

Alicia fue rescatada cuando el FBI entró en la casa de su secuestrador. El depredador fue condenado y sentenciado a 20 años de cárcel.

Alicia pasó a estudiar psicología y ciencia forense, con la meta de llegar a unirse al FBI y ayudar a otras víctimas. Junto con sus padres, ella habla a grupos sobre los peligros potenciales de la internet. Pero como dice su madre: "La vida es más difícil para ella de lo que habría sido".[28]

¿Qué podemos aprender de esto? La madre de Alicia sugiere ayudar a nuestros hijos a conocer la diferencia entre un extraño y un amigo verdadero. Yo estoy de acuerdo. Pero también sugeriría que una solución más completa puede que sea librarse por completo de los chat. Esto no significa prohibir todas las formas de comunicación de alta tecnología, pero sí significa limitar su uso a permanecer en contacto con amigos del mundo real, conocidos y familiares.

Si va a permitir a su hijo visitar chats, sepa con quién se está comunicando y de qué temas se habla con más frecuencia; y regularmente mire por encima del hombro de su hijo para supervisar la conversación.

Algunos pueden argumentar que tener un perfil provocador en una red social, desarrollar relaciones en línea inapropiadas, y flirtear en el espacio son cosas relativamente inocentes. Después de todo, no son verdaderamente reales, ¿cierto? Pero para algunos jóvenes, especialmente quienes se sienten poco apreciados y poco respetados, el anonimato de la red permite a las personas mentir y comunicarse de maneras que de otro modo no pensarían en emplear cara a cara. Nuestros hijos necesitan saber que los mismos valores que se aplica a las relaciones en la vida real, como respeto, integridad, sinceridad, compasión y pureza, se aplican también en línea.

Qué saber 4: Lo que aconsejan los expertos

En 2009, Jason Sands de Montana, consiguió el número de teléfono de una muchacha de 14 años de su cuenta en MySpace y comenzó a enviarle "mensajes sexuales". Afortunadamente, esta muchacha sabía qué hacer. Ella le entregó esos mensajes a su madre, quien acudió a las autoridades.

Yo hablé con el detective Chris Shermer, quien se ocupó del caso Sands cuando captó la atención de quienes hacen cumplir las leyes. Identificándose como "Kayla", de 14 años de edad, Shermer comenzó a enviar mensajes de texto a Sands.

Shermer me explicó que las leyes con respecto a la instigación evitaban que él iniciara ninguna conversación de naturaleza sexual, pero no pasó mucho tiempo antes de que los textos de Sands adoptaran un enfoque sexual. Después de que Sands organizase un encuentro en la escuela de la muchacha, fue atrapado.

Le pregunté al detective Shermer qué consejo daría él a los padres con respecto a los depredadores sexuales. Él bosquejó cuatro puntos:

1. Enterarse de lo que sus hijos saben. Ponerse al día en cuanto a los medios electrónicos que ellos utilizan. Sentarse y preguntar: "¿Qué estás haciendo aquí?".

2. Tener la computadora en un espacio común cuando ellos son más pequeños.

3. Cuando sean más mayores y necesiten una computadora portátil para las tareas escolares, redacte un contrato. Explíqueles: aquí están las normas, como: "Siempre me permitirás ver lo que escribes. Si entro en tu cuarto y cierras rápidamente tu computadora, lo comprobaré".

4. Saber con quién hablan en realidad sus hijos en sus teléfonos celulares. Piense en utilizar un operador de teléfono celular que impida que su hijo reciba mensajes de texto durante las horas de escuela (o cualquier otra hora que usted establezca).

Podemos aprender de la experiencia y la formación de expertos como el detective Shermer. Manténgase al día de sus consejos mediante libros, películas y páginas web como pluggedin.com. Y haga saber a sus hijos que cuando reciban mensajes de texto, tweets, mensajes instantáneos o correos electrónicos inapropiados, quizá incluso de un "amigo" de la escuela, no deberían pasarlos por alto. Deberían entregárselos a ustedes. Mientras las personas queden impunes en cuanto al mal uso de la tecnología, seguirán haciéndolo. Cuando tienen que hacer frente a las consecuencias, a menudo dejan de hacerlo, a veces como resultado de ser arrestados.

Qué saber 5: El lado útil de la tecnología

Aunque la tecnología puede ser un enemigo, también puede ser un gran amigo de la familia. De hecho, yo creo que algunas de las maravillas tecnológicas actuales son casi obligadas en el hogar. Salvaguardar a nuestros hijos se ha vuelto mucho más fácil debido a estas maravillas modernas, con muchos aparatos útiles que están a la vuelta de la esquina. A continuación tiene tres que ya están en el mercado:

- *El DVR*. Como ya he mencionado, está el grabador digital de video. Al escribir esto, solamente el 40 por ciento de los hogares estadounidenses tienen este aparato.[29] Me gustaría que la cifra pudiera ser del 100 por ciento. Sorprendentemente, incluso entre quienes poseen uno, la investigación muestra que la mayoría no lo utiliza a su pleno potencial. Por ejemplo, el 40 por ciento de dueños de DVR siguen viendo anuncios.[30] Personalmente, me gusta el modo en que puedo ir volando por un partido de fútbol de cuatro horas en menos de la mitad del tiempo. ¡Qué manera de ahorrar tiempo!

  El DVR también permite que las familias vean según su conveniencia en lugar de hacerlo a conveniencia de las redes. Lo más importante es que usted puede escoger grabar solamente programación positiva que cumpla con una norma familiar saludable.

- *La máquina ClearPlay*. Este aparato, que está disponible en muchas librerías cristianas y focusonthefamily.com, permite a las familias rentar o comprar películas en DVD disponibles para la venta y algunas series de televisión, y después verlas con el contenido ofensivo eliminado. Actualizaciones editadas de los últimos estrenos de cine se proporcionan en línea en ClearPlay.com por una modesta cuota mensual.

Lea la entrevista al final de este capítulo para saber más sobre esta invención.

- *Filtros para la internet.* La internet puede ayudar a su hija a estudiar para su examen final. Puede ayudar a su hijo a mejorar su forma en salto de altura para la pista. Pero ya que también ofrece millones de páginas inapropiadas, un creciente número de familias está utilizando productos para filtrar contenido en la internet.

La mayoría de estos sistemas de software buscan en la web y restringen el acceso a páginas con contenido problemático. Varios productos también notifican a los padres cuando se han hecho intentos de acceder a tales páginas, o cuando se ha intentado enviar mensajes de correo electrónico no adecuados. (Véase focusonthefamily.com/parenting/protecting_your_family/articles/family_safe para más información. Para saber sobre un sistema en particular, BSecure® Online, visite focusonthefamily.com/bsecure).

Yo, por una parte, me alegro cuando la tecnología se pone de mi lado para ayudarme en lugar de hacer daño. Agradezco ser capaz de solicitar ayuda en carretera cuando se me pincha un neumático porque tengo un teléfono celular. Me gusta poder avanzar los anuncios de la televisión utilizando mi DVR. Considero un privilegio ver una película que tiene editado el contenido ofensivo.

Y me encanta cuando oigo relatar historias como la de Dan Woolley. Empleado de Compassion International, Woolley estaba en el Hotel Montana en Puerto Príncipe durante el terremoto en Haití de 2010. Atrapado en el hueco de un elevador, utilizó una aplicación para iPhone para saber cómo tratar la hemorragia excesiva debido a cortes en sus piernas y la parte trasera de su cabeza. También utilizó la luz de su teléfono para hacer un diagnóstico correcto de su pie roto, mientras buscaba maneras de evitar entrar en estado de choque. El resultado: sobrevivió a lo que finalmente se convirtieron en 65 horas debajo de los escombros.[31]

Incluso las redes sociales pueden ser una herramienta maravillosa. Uno de mis colegas, Bob Hoose, escribió lo siguiente en su blog:

Según un artículo de *mirror.co.uk*, una mujer llamada Frances se había pasado toda la vida buscando a su papá, al que no había visto. Entonces de repente, mientras examinaba su árbol genealógico, una amiga descubrió que Frances, de 51 años, tenía una medio hermana adolescente anteriormente desconocida. Y en efecto, Frances encontró el nombre de esa hermana recién encontrada en Facebook y decidió enviarle un mensaje.

"Esto será toda una sorpresa", escribió Frances, "pero creo que soy tu hermana".

La hermana igualmente quedó sorprendida y le respondió: "¿Quieres hablar con mi papá? Está sentado a mi lado".

Después de recoger su mandíbula del suelo (no estoy seguro de si en realidad se le cayó, pero ¿no le pasaría a usted?), Frances comenzó a charlar con su papá en Facebook y, ese fin de semana, se reunieron otra vez después de haber estado 48 años separados.[32]

Recientemente recibí un correo electrónico de Matt, un joven canadiense que explicó cómo un avance en tecnología (la capacidad de grabar una serie completa de televisión en DVD) ha sido una verdadera ayuda para proporcionar alternativas amigables con la familia para él mismo y para su padre. El escribió:

> Mi papá y yo no vemos muchos de los nuevos programas de televisión actualmente debido a que el nivel moral de la mayoría de ellos no es bueno.
>
> Comprar DVD de series de televisión ha sido una gran bendición para nosotros, ya que hemos visto programas de mis favoritos como *Home Improvement, Full House, Saved by the Bell, Early Edition, Star Trek, Star Trek: The Next Generation, Star Trek Voyager,* y otros viejos favoritos a los que me introdujo mi papá como *The Cosby Show, Family Ties, Get Smart, Mork and Mindy, Andy Griffith, I Love Lucy,* y *Hogan's Heroes.*
>
> Estoy muy contento por la tecnología que me permite regresar en el tiempo en esencia, y ver los antiguos y buenos programas cuando la televisión actual no proporciona un buen contenido.

Uno de los usos más interesantes de la tecnología que he escuchado implica a un alumno universitario israelí que abrió una página en Twitter donde pueden enviarse oraciones. Él prometió poner esas peticiones en el Muro de las Lamentaciones en Jerusalén. "Yo tomo sus oraciones, las imprimo y conduzco hasta Jerusalén para ponerlas en el Muro", dijo Alon Nir, residente en Tel Aviv.[33]

La tecnología puede ser un amigo también para su familia. Espero que en el futuro veremos un conjunto mayor de aparatos y software pensados para salvaguardar a nuestros hijos, en lugar de exponerlos a imágenes dañinas y otro contenido poco sano.

Ser valiente en el mundo feliz

El espacio no me permite enumerar todas las maneras en que la tecnología comunica información y entretenimiento, ya sea de manera beneficiosa o de otro modo. Lo importante es que su hijo no debería estar vagando entre las potenciales minas terrestres sin la regular supervisión y participación de usted. Y no tiene que proporcionar esa guía sin la ayuda de la tecnología misma. Para consultar informes actualizados de cómo los medios y los aparatos de vanguardia podrían afectar a su familia, visite pluggedin.com

A muchos de nosotros nos gustaría poder regresar a épocas más sencillas, libres de televisores, computadoras, cines, Twitter, teléfonos celulares, Second Life, X-boxes, Facebook y Wii; pero sabemos que eso nunca sucederá. Solo podemos seguir avanzando, haciendo todo lo posible para participar en el mundo tecnológico de nuestros hijos, en sus páginas de redes sociales y en otras formas de comunicación y entretenimiento, asegurándonos de que ellos entiendan que el uso que hacen de la tecnología tiene que ser un reflejo de las virtudes y la sensibilidad de Jesús.

Como lo expresó el escritor, orador y presentador de radio, el Dr. Jim Burns, fundador y presidente de HomeWord:

Durante la mayor parte de la historia de la humanidad, importantes avances tecnológicos llegaron de manera relativamente lenta comparados con la actualidad. La rueda. El bronce. La imprenta. La locomotora a vapor. La desmotadora de algodón.

Pero comenzando con la aparición del siglo XX, los avances tecnológicos como la radio, la televisión, tomar fotografías, las primeras computadoras y calculadoras, fueron inventados y llevados al mercado en una sucesión aparentemente rápida. De hecho, la mayoría de productos y métodos de comunicación llegaron tan rápidamente a generalizarse que las preguntas sobre cómo manejar las implicaciones morales ocuparon un segundo plano.

Es probable que esta arremetida de productos, invenciones y métodos de comunicación solo aumenten de modo exponencial a medida que pasen los días. Cuando esto suceda, nuestras vidas se verán más enriquecidas en muchos aspectos; pero con estos avances también llegarán nuevas maneras de que los consumidores tropiecen moralmente, y senderos atrayentes que apelarán a nuestros instintos básicos.

La solución a los potenciales aspectos negativos no es salir corriendo y ocultarnos, o trasladarnos a una isla desierta del Pacífico. Es utilizar con oración y de modo "cristiano" la tecnología y los avances tecnológicos para mejorarnos a nosotros mismos, a nuestras familias y el Reino, y rechazar los lados más oscuros que estos avances sin duda pondrán en nuestro camino. No necesariamente será fácil. Pero para quienes aprendan exitosamente a navegar por ellos, será un paso importante hacia una mayor madurez cristiana.[34]

Una charla con el fundador de ClearPlay, Bill Aho

¿Ha deseado alguna vez que su familia pudiera ver una versión limpia de una película popular? Bill Aho también. Por eso él creó ClearPlay, un sistema de filtrado multifacético que redefine "editado para televisión" dando a los padres mayor control sobre el contenido de las películas. Mientras aún era el presidente de la empresa, hablé con Aho sobre la tecnología y sus roces con Hollywood.

P: ¿Es ClearPlay su intento de limpiar el entretenimiento?

Bill: A la gente le encantan las películas. Son una parte importante de nuestra cultura, pero con frecuencia hay en ellas contenidos que nos hace sentir incómodos, en particular al verlas toda la familia junta. ¿Cuántas veces ha oído a alguien decir: "Era una película estupenda a excepción de…"? ¿Y cuántas veces ha estado sentado con sus hijos viendo un DVD, y todos se inquietan cuando esa pequeña escena llega o cuando aparecen un par de esas palabras? Pensamos que las personas deberían poder ver películas en las salas de su casa sin ese tipo de incomodidad.

P: ¿Es bastante fácil de usar?

Bill: Entregamos un pequeño USB FilterStik que se conecta a su computadora. Con un clic del ratón, se descargan todos los filtros. Entonces lo pone en su reproductor de DVD y está listo para comenzar. Mantendrá sus configuraciones de película en película hasta que usted las cambie.

P: ¿Legitima el concepto de ClearPlay la aprobación de la ley de 2005 Family Movie Act?

Bill: Esa fue una noticia estupenda para ClearPlay y una verdadera victoria para las familias. Esa legislación confirmó lo que siempre habíamos sentido: que es aceptable para las familias en la intimidad de sus hogares pasar por alto o eliminar la violencia extrema, el sexo, la desnudez o el lenguaje con la ayuda de la tecnología que permita programar de antemano el DVD normal según los gustos personales. Damos a los padres más de 16 000 permutaciones posibles para cualquier película dada, de modo que las configuraciones de filtrado son muy adaptables.

P: ¿Es cierto que ahora están filtrando algunos programas de televisión también?

Bill: Hemos hecho unos cuantos: *Lost, Scrubs, 24, Heroes, The Sopranos*, y las tres primeras temporadas de *The Office*. Llegan más todo el tiempo. Intentamos hacer las series más populares de televisión que están disponibles en DVD.

P: A los creativos que no les gusta ver su trabajo retocado. ¿Intentaron detenerles los estudios y sus abogados?

Bill: Hollywood decidió demandar a todos en nuestra industria. Cuando hablamos con los estudios, todos tenían el mismo sentir: que la idea de hacer copias de películas y venderlas en un paquete con una letra E de "Editada" no era algo con lo que se sentirán cómodos. Desde luego, ese no era nuestro enfoque. A los directores tampoco les gustaba lo que nosotros hacíamos, pero todos reconocieron que ClearPlay es diferente, porque la edición se produce en el hogar. Es como un control remoto mágico. Así que llevamos eso a los tribunales y les instamos a tratarnos y pensar en nosotros de modo muy diferente.

P: ¿Diferente a, digamos, un servicio de edición que físicamente altera el video o DVD?

Bill: Eso es. ClearPlay no crea una versión separada, más de lo que yo creo una nueva canción cuando escucho un CD con mis propias configuraciones de ecualización. Los tribunales estuvieron de acuerdo, así que lo consideraron con más detalle. Al mismo tiempo, acudimos a Washington y hablamos con nuestros senadores y congresistas, y preguntamos: "¿No debería haber cierto margen en esto? ¿No es esto sencillamente un caso en que la ley de derecho de autor no ha seguido el ritmo a la tecnología?". Eso sucede todo el tiempo. Y ellos estuvieron de acuerdo. Dijeron que la ley de derecho de autor no debería ilegalizar algo como esto, y de hecho, no pensaban que lo hiciera. Por tanto, dijeron: "Aclaremos la ley de derecho de autor". Rescribieron la ley para crear la Family Movie Act, y el Presidente la firmó. El juez dijo: "Bien, supongo que eso se ocupa de ClearPlay", y retiraron todas las demandas contra nosotros. No hemos tenido ningún problema con Hollywood desde entonces.

P: ¿Y las compañías que sí alteran las películas?

Bill: Los tribunales enfocaron su atención hacia esos grupos y legislaron en contra de la práctica de editar físicamente películas. Ese cambio en la ley obligó a CleanFlicks a salir del negocio, aunque compañías con menor reputación siguen estando ahí haciendo copias del DVD, esperando que no les agarren.

P: ¿Puede hablarnos sobre el proceso que sigue su equipo cuando limpian una película?

Bill: Tenemos un equipo de seis desarrolladores de filtros. También tenemos un departamento de control de calidad para asegurarnos de la calidad. Cuando creamos un filtro, lo pasamos por el control de calidad, y ellos examinan muchas áreas para asegurarnos de haber captado todo. También comprueban que discurra con fluidez. ¿Fue el tipo de corte que, en la mayoría de los casos, el cliente ni siquiera notará? Finalmente, ¿hicimos un buen trabajo artísticamente hablando? ¿Tuvo sentido? ¿Se mantuvo la integridad del argumento, y fue una experiencia agradable haberla visto? Con frecuencia pasará a control de calidad y la volvemos a pasar por los filtros, haciendo cambios hasta que tengamos un producto que sintamos que a la gente realmente le va a gustar.

P: ¿Hay películas que ustedes no editarán?

Bill: Si una película tiene tanto contenido que no podemos hacer un buen trabajo y producir una experiencia única y satisfactoria, entonces no lo haremos. Realmente es un arte. La gente piensa que el resultado va a ser cortado o con saltos, pero entonces la ven y dicen: "¡Vaya!". Eso es lo que buscamos.

[Nota: Al escribir este libro, la tecnología ClearPlay está disponible solamente si se utiliza un reproductor de DVD ClearPlay. Descargar filtros para nuevas películas requiere una tasa adicional anual o mensual. Para más información, visite focusonthefamily.com/clearplay o clearplay.com. Para comentarios adicionales de clientes, visite páginas como amazon.com, familychristian.com, o epinions.com].

Alcanzar a otras familias

No hace mucho hablé por teléfono con una madre preocupada que quería algunos consejos. "Sallee" explicó qué se sentía indefensa para hacer nada mientras veía a su hijo y a sus dos mejores amigos pasar de ser niños felices de primaria a ser sombríos alumnos con una fascinación por el lado oscuro. Esos muchachos no solo eran fans de grupos profundamente problemáticos, sino que además se identificaban con esos grupos vistiendo sus camisetas.

Ella dijo: "Ayer, cuando llevaba a los muchachos a la escuela, los oí hablar de esos grupos, orgullosos de ser sus seguidores". Uno de los muchachos, dijo Sallee, *presumía* de que un compañero de clase se había referido en el como "demasiado oscuro".

"He conocido a uno de esos muchachos desde el tercer grado", dijo Sallee. "Ahora su cabello es largo y grasiento. Realmente se está metiendo en su imagen oscura". Su pregunta: "Conozco bastante bien a las madres de esos muchachos. Y estoy segura de que no se dan cuenta de las cosas en que están metidos sus hijos. ¿Qué debería hacer yo, o debería no hacer nada?".

No hay arreglos rápidos, pero creo que hay algunos pasos que Sallee necesita dar. Le aplaudo por llamar y estar preocupada lo suficiente para hacer un esfuerzo, no solo a causa de su hijo sino también de sus amigos.

Hay muchas Sallee en todas partes, y muchos jóvenes como su hijo. Yo he hablado con muchos de ellos. Son vecinos de usted. Son sus primos. Se sientan a su lado en la iglesia. Juegan en el equipo de fútbol de su hijo. Puede que incluso esa persona sea *usted*.

Por tanto, ¿qué debería hacer cuando conoce a una Sallee, o a un hijo de Sallee? ¿Pueden usted y su familia marcar una diferencia en las vidas de otros, incluso cuando se trata de tomar decisiones sobre el entretenimiento? De eso trata este capítulo.

Diez pasos para acercarse

Si conoce usted alguna familia que esté sufriendo estrés por problemas de entretenimiento, considere el siguiente enfoque de 10 pasos.

1. *Haga algo.* Esto con frecuencia es difícil; a veces muy difícil. Pero siempre es mejor, como mínimo, *intentar* rescatar a los jóvenes; ellos finalmente pertenecen a Dios, son solamente un préstamo para nosotros.

2. *Sea un canal de información.* Sallee estaba segura de que sus amigas no se daban cuenta de lo oscura que era la música en la que estaban metidos sus hijos. ¿Debería ella decírselo? Sí. Le sugerí que invitase a un café a las mamás y sacaran el tema. Algunos padres puede que en realidad no quieran saber en qué están metidos sus hijos ("Si lo sé, tendré que tratar eso"), pero la mayoría de ellos agradecerían a un amigo que se interese lo suficiente para dar información necesaria y las herramientas para actuar al respecto. Como dice Oseas 4:6: "Por falta de conocimiento mi pueblo ha sido destruido".

3. *Nunca juzgue.* Si Sallee habla con esas mamás y les da la impresión de señalar con un dedo de culpabilidad, habrá fracasado en su misión. Afirmaciones como: "Creo que sus hijos están siendo una mala influencia sobre el mío" solamente cerrarán la puerta a alguna conversación significativa.

4. *Comunique con el amor como su principal motivación.* Si Sallee explica a las mamás (como yo le alenté que hiciera) que se preocupa por su hijo *y* también por el de ellas, disipará las suposiciones negativas acerca de otros posibles motivos (la transferencia de culpa, preocupación solo por su hijo, etc.). Era obvio que Sallee se preocupa profundamente por esos tres muchachos, y necesita expresar eso.

5. *Considere los problemas más profundos.* La falta de discernimiento en cuanto los medios es un síntoma de un problema más profundo, como no tener una relación con Dios radical y entregada. Cuando los adolescentes criados en hogares que se interesan por ellos gravitan hacia el lado oscuro, normalmente no es debido solo a la curiosidad sobre el entretenimiento oscuro. Como dice 1 Juan 1:6: "Si afirmamos que

tenemos comunión con él, pero vivimos en la oscuridad, mentimos y no ponemos en práctica la verdad".

¿Por qué se revuelcan los jóvenes en lo sombrío? Busque factores como baja autoestima; rechazo por parte de amigos o algún familiar cercano; un padre que está ausente, distante o es muy crítico; falta de significado y propósito espiritual, abuso sexual; o una vida familiar espiritualmente hipócrita ("Debemos ponernos nuestra imagen de todo va bien para ir a la iglesia"). Utilice el síntoma de un mal discernimiento sobre los medios como un puente para la problemática subyacente.

6. *Consiga ayuda profesional cuando sea necesario.* El clero y/o los consejeros profesionales puede que sean necesarios en algunos casos. Esto tampoco tiene que ser un último recurso; puede ser, y a veces debería ser, uno de los primeros pasos que demos.

7. *Después de hablar con los padres, hable con los jóvenes.* Repito: exprese cuánto se interesa por ellos. Dígales lo que ha visto y oído. Después escuche. Haga preguntas. Escuche más. Pregunte sobre problemas más profundos ("¿Cómo te va en tu relación con Dios?"; "¿Hay algo que haya desencadenado este interés por el lado oscuro?"; "¿Hay algo que podamos hacer para ayudarte a encontrar alegría en cosas como luz, amor, y las buenas nuevas sobre Jesús?").

8. *Incluya al papá en la escena.* He hablado con muchas, muchas mamás a lo largo de los años con respecto a sus preocupaciones por hijos que se han desviado. Nueve de cada diez veces, las mamás sienten que deben tratar este problema sin mucho apoyo por parte de papá; con frecuencia, la falta de participación de él es una gran parte del problema.

Pero yo creo que nunca es demasiado tarde para incluir a los papás en la escena. Si un padre comunica que ama a su hijo y está dispuesto a participar hasta un grado significativo (el hijo tendrá ideas de lo que eso significa), la familia puede avanzar hacia la sanidad definitiva.

Algunos padres solo necesitan que se les sacuda para salir de su complacencia: "Jim, nuestro hijo me dijo ayer que escucha música oscura porque resiente que tú nunca le dices nada a menos que sea algo crítico y condescendiente. Dijo que le encantaría desayunar contigo una vez por semana para que le ayudes a sentir que él tiene importancia para ti".

9. *Sea paciente.* La mayoría de jóvenes que participan en el

entretenimiento ofensivo no llegaron ahí de la noche a la mañana. La mayoría no saldrá tampoco de esa oscuridad de la noche a la mañana. Necesitan una presencia continuada y amorosa que comunique repetidamente: "Me interesas. Te quiero. Estaré a tu lado".

10. *Asegúrese siempre de orar.* Las vidas no pueden ser cambiadas espiritualmente sin el poder del Espíritu Santo, el cual es activado por la oración. Ore antes, durante y después de hablar con esos padres. Ore por los jóvenes implicados. Pida sabiduría.

Pida a Dios que le ayude a demostrar y comunicar como lo haría Jesús. Isaías 61:1 nos dice que una de las razones de que Jesús viniera fue para "proclamar liberación a los cautivos" y "libertad a los prisioneros". Esa es también la misión de usted.

Una reunión sobre medios

Quizá esté pensando: Eso funcionaría bien si mis hijos estuvieran metidos en entretenimiento poco sano junto con sus amigos, pero ese no es el caso. ¿Hay algo que pueda usted hacer para hablar del "evangelio de discernimiento sobre medios" sin ser dominante? Yo sugeriría lo siguiente.

Considere organizar una reunión de los padres de los amigos de sus hijos con el propósito de dialogar sobre límites en cuanto a entretenimiento. Podría utilizar comida (como una comida común o compartir postres) para que todos acudan.

No se preocupe por ser un orador impecable. Podría querer introducir el tema diciendo algo como esto (pero con sus propias palabras):

> Gracias por venir hoy. He estado leyendo un libro sobre discernimiento en cuanto a medios de comunicación y el modo en que el entretenimiento puede influenciarnos. Estoy más convencido que nunca de que el entretenimiento puede ser un amigo o un enemigo de nuestros hijos. También estoy convencido de que nuestra tarea como padres podría ser mucho más fácil si pudiéramos reunirnos por causa de nuestros hijos y establecer algunos límites básicos en los que todos podamos estar de acuerdo. Sé que no todos trazaremos esos límites en el mismo lugar. Eso está bien, pero me preguntaba si hoy podríamos dejar sentadas algunas cosas. Quizá pudiéramos ponernos de acuerdo en…
>
> • Alentar a nuestros hijos a evitar las peores formas de entretenimiento (como música, televisión, cine, juegos de video

y páginas web que sean excesivamente violentas o perversas, fomenten la droga o el ocultismo).

- Comprometernos a interesarnos mutuamente por los hijos de los demás igual que por los propios (y orar por ellos si el grupo así se inclina).
- Respetar y sostener sus normas familiares sobre entretenimiento cuando sus hijos visiten mi casa, y viceversa.
- Comunicarnos el uno con el otro si tenemos problemas que surjan sobre entretenimiento.
- Comprometernos a saber qué tipos de medios están consumiendo nuestros hijos.
- Respetar las diferencias mutuas con respecto a cómo establecemos límites en cuanto a medios, entendiendo que algunos de nosotros seremos más estrictos y otros más permisivos.

Enviar el mensaje en la iglesia

Como ya he mencionado, es importante si usted es cristiano alentar a su pastor de jóvenes y pastor principal a hablar regularmente del tema de honrar a Cristo con sus decisiones en cuanto a entretenimiento. Eso es cierto no solo para beneficio de sus propios hijos sino también para el de otras familias.

Es estupendo cuando nuestros hijos oyen nuestras propias perspectivas y preocupaciones sobre este tema; de hecho, es lo más importante que podemos hacer para reforzar la sabiduría en cuanto al entretenimiento. Pero no hay nada como el poder de oírlo desde el púlpito o dentro del grupo de jóvenes para reforzar el concepto.

Cuanto más se mencione durante los servicios de adoración, más probable será que otros en su círculo de amigos también lo acepten. Muchos pastores puede que necesite un pequeño empuje esta dirección, porque frecuentemente no es el tema que estaba en su lista de temas favoritos para predicar. Evite ser pesado, desde luego; transmitir una reseña, cita o artículo ocasionales de pluggedin.com podría servir como un suave recordatorio.

Difundir la palabra en la escuela

Cuando enseño sobre el tema del discernimiento en cuanto a los medios, prefiero grupos cristianos para poder aplicar principios bíblicos al mensaje. Pero también he hablado a organizaciones padres-maestros y escuelas públicas. Es un poco más arriesgado, pero he descubierto que cuando no

puedo mencionar la Biblia, Jesús o principios bíblicos específicos, aun así
puedo encontrar un terreno común alentando a los padres a que ayuden
a sus hijos a desarrollar el carácter, subrayando virtudes como integridad,
honestidad, pureza y compasión.

¿Es usted parte de un grupo de padres y maestros? ¿Estaría abierto ese grupo a conversar sobre cómo los medios de comunicación actuales con frecuencia hacen guerra contra los mismos valores que el grupo intenta infundir? Si usted no puede dirigir esta discusión, quizá pueda hacerlo su pastor o su pastor de jóvenes, entendiendo que probablemente no podrá incluir a Dios en la ecuación en este escenario.

¿Están sus hijos en un programa de exploradores? ¿En un club? Busque maneras de sugerir elecciones inteligentes sobre medios de comunicación y tecnología como un tema para una reunión.

Además de alentar conversaciones, puede que quiera trabajar hacia el cambio en las políticas de entretenimiento de su escuela. Cuando mi hija llegó al equipo universitario de baloncesto en su escuela, por ejemplo, este orgulloso papá pasó muchas horas en partidos fuera de casa. Sentado en un gimnasio tras otro, frecuentemente notaba que antes de los partidos y en el tiempo de descanso, el sistema de audio ponía a todo volumen melodías desagradables de artistas muy inquietantes.

Sencillamente no lo entendía. Por años hemos educado a nuestros hijos con la suposición subyacente de que aprenden al oír, y lo que están oyendo en eventos deportivos, en la cafetería, en los pasillos, e incluso en los salones de clase estaba enseñando algunas lecciones bastante desagradables. Una mamá incluso me llamó pidiendo ayuda para librar al autobús escolar de su hijo de la basura en el audio.

Si esto es un problema en la escuela de su hijo, ¿puedo sugerir que intente que se aplique una política que limite las canciones públicas a las que sean más positivas? Es bastante posible que se pongan canciones censurables solo porque nadie ha hablado en contra. La mayoría de adultos no escuchan con atención; y si los adolescentes están a cargo del sistema de audio, es probable que escojan lo que esté más de moda en las listas de éxitos.

Puede que sea tan fácil como informar a la administración de su escuela, citando ejemplos de letras que están sonando. Estoy convencido de que muchos directores, administradores y miembros de la junta estarían genuinamente preocupados si entendieran el problema.

Una cosa que ellos querrán saber, desde luego, es qué alternativas existen. Esté preparado con una lista de canciones positivas o neutras que encajen en la categoría (puede que quiera revisar las críticas musicales en pluggedin.com). Quizá enviarles un ejemplar de este libro y una carta respetuosa ayudaría. Puede que quiera usted mencionar que el entretenimiento influencia incluso a los "jóvenes buenos", y que poner canciones públicamente en el campus podría considerarse como un endoso de facto por parte de los administradores del contenido y el mensaje.

Si encuentra citas de músicos que muestren que los mensajes que envían son intencionales, compártalos con los oficiales de la escuela. Por ejemplo, hablando al canal de televisión francés TF1, la cantante Lady Gaga afirmó: "Este ha sido el mayor logro de mi vida: conseguir que los jóvenes eliminen lo que la sociedad les ha enseñado que es malo".[1]

Para muchos jóvenes, su primera, y a veces única, exposición a películas y canciones destructivas sucede en la escuela. Las escuelas deberían ser puertos seguros. No se trata de legislar lo que los compañeros de clase de sus hijos pueden escuchar en su propio tiempo libre; se trata de enviar el mensaje de que los adultos que están a cargo se interesan lo suficiente para establecer límites saludables.

Me gusta lo que mi amiga y colega en la batalla por un entretenimiento sano, la difunta Dra. C. DeLores Tucker, me dijo una vez: "No vamos a ser capaces de librar a la sociedad de ello; pero al menos podemos evitar que sea producido y empaquetado, celebrado, glamurizado y distribuido por todas partes no solo en Estados Unidos, sino en todo el mundo, en tiendas y escuelas donde los jóvenes tienen acceso rápido a ello".

Y hablando de la escuela, sus hijos podrían estar abiertos a influenciar también a maestros y compañeros de clase. Si sus hijos están de acuerdo con la idea de tomar decisiones más sabias en cuanto a los medios, podría usted querer alentarles a difundir el mensaje a medida que completan ciertas tareas. ¿Es momento de hacer un comentario de texto de un libro? ¿Por qué no hacerlo sobre la importancia de tener sabiduría en cuanto a los medios? Para ese informe o debate, quizá su hijo podría abordar un tema como: "¿Pueden los medios influenciar?"; o "¿Cuán lejos es demasiado lejos cuando se trata de consumir entretenimiento?".

Podría ser bastante revelador para la clase, el maestro, e incluso su hijo o su hija.

Influenciar al mundo en general

Una vez recibí una carta de una joven que era muy crítica con la revista
Plugged In. Ella sentía que en lugar de evaluar películas, música y tele-
visión, deberíamos emplear nuestro tiempo impregnando Hollywood. Esto
es lo que ella escribió:

> Escribo con respecto a todo el tema de su revista, *Plugged In*. Es
> una lástima y estoy triste porque esta revista está patrocinada por
> cristianos, porque yo soy cristiana, como sus escritores afirman
> ser. Su revista está contenta con sentarse y denunciar, castigar y
> quejarse sobre el estado de la televisión sin ofrecer ninguna solu-
> ción real.

Después de varias frases explicando cómo Jesús escogería cambiar
Hollywood desde dentro ("Le veo produciendo películas positivas que
contengan valores cristianos"), ella nos dijo cómo planeaba marcar
una verdadera diferencia algún día:

> Yo misma planeo licenciarme en cine y entrar en Hollywood
> para mostrarles lo que debería ser un verdadero cristiano. Jesús
> era parte de la solución, y yo me esforzaré por imitarle. Ho-
> llywood ve su revista y menea la cabeza, y sigue produciendo
> las mismas películas y programas. Me gustaría que su revista
> pudiera ser verdaderamente sal y luz al alentar a los cristianos a
> entrar en la zona de guerra en lugar de quejarse sobre ella, y pro-
> ducir películas basadas en principios piadosos para que podamos
> sustituir el mal por el bien.

Me agrada que esta persona quiera mejorar Hollywood al entrar
en su interior (aunque puede que antes necesite madurar un poco). Se
necesitan desesperadamente embajadores de Cristo en todas las partes de la tierra. Eso incluye ser sal y luz, y utilizar los dones de Dios
para escribir guiones creativos y profundos, desarrollar videojuegos
que edifiquen y diviertan, lanzar programación televisiva positiva, y
producir canciones que no sean segundonas de nadie.

Algunos puede que piensen que un joven que sienta un llamado a
"ministrar" tiene realmente solo unas pocas opciones como pastor, pastor
de jóvenes o misionero; pero yo creo que Dios también llama a su pueblo a ser médicos, abogados, maestros, políticos, mecánicos, y muchas

otras cosas. Todos los ámbitos de la vida, incluida la interpretación, el diseño de páginas web, el cantar y la edición de video, necesitan siervos dedicados que consideren su "trabajo" como un ministerio y un llamado.

No creo que mejorar Hollywood desde dentro excluya la idea de que los cristianos tienen que estar equipados con información para tomar decisiones sabias. Debido a la crítica de quien escribió la carta, sería fácil para mí descartar todo lo que ella escribe; pero sí destaca un punto importante. Los cristianos con dones son necesarios en los campos del entretenimiento y la tecnología. Al llegar a ser los mejores directores, escritores, productores e inventores que este mundo haya visto jamás, unos pocos creyentes podrían ganar miles, incluso millones.

Espero y es mi oración que si su hijo se siente llamado a utilizar sus talentos de este modo, usted aliente eso. Después de todo, Jesús cambió este mundo descendiendo del cielo y haciéndose un "infiltrado".

Incluso si no tiene un hijo que tenga este llamado (y eso probablemente se aplique a la mayoría de nosotros), todos necesitamos asegurarnos de que nuestros hijos vean las artes como un campo misionero en necesidad de misioneros con talentos que sirvan como "hacedores de tiendas". Nuestros jóvenes pueden ayudar a inspirar y apoyar sus amigos con dones y creyentes para marcar una diferencia.

Que comience con usted

Aquí está mi reto final: ¿Le preguntaría al Señor qué quiere Él que usted haga sobre el entretenimiento en su hogar?

¿Necesita hacer algunos cambios importantes? ¿Algunos menores? ¿Necesita sencillamente mantenerse en curso?

¿Es usted demasiado permisivo? ¿Demasiado legalista?

¿Está más preocupado por el "control del pecado" de lo que está porque sus hijos estén desarrollándose en su fe y su compromiso con Cristo?

¿Necesita entrar en el mundo del entretenimiento de sus hijos con mayor frecuencia?

¿Necesita establecer una norma familiar sobre medios de comunicación o tener una Constitución escrita?

Si usted y sus hijos tienden a pelearse por estos asuntos, ¿es momento de dar un paso atrás y recordar la importancia de su relación?

¿Ayudaría compartir algunos de los hechos que hay este libro con ellos? ¿O necesitan primero ellos saber lo mucho que usted se interesa antes de que se interesen en lo mucho que usted sabe?

Ya sea que el camino hacia la paz en su familia implique diálogo, disculparse, exhortar, perdonar o buscar los consejos de un consejero, crea que el camino está ahí. Confío en que Dios le guiará a medida que usted recorra ese camino, y a medida que se comprometa a honrarle a Él en sus decisiones familiares sobre entretenimiento.

Una mujer que marcó una diferencia: la Dra. C. DeLores Tucker

La Dra. C. DeLores Tucker fue una amiga, una cruzada contra el entretenimiento indecente, una activista por mucho tiempo por derechos civiles, y oponente vocal hacer contra la música que fomenta el odio y la misoginia. A continuación está una entrevista que yo le hice antes de que falleciera en el año 2005. Comunica una pasión por la causa, un corazón por los jóvenes, y ofrece prueba de que, cuando se trata de los medios, una persona puede influenciar a muchas otras.

P: Dra. Tucker, es estupendo hablar de nuevo con usted. Ambos hemos estado en esto por mucho tiempo. ¿Cuándo aceptó por primera vez el desafío contra la música rap lasciva?

Dra. Tucker: Hemos estado librando una gran batalla desde 1995. Fue entonces cuando escuché de las mujeres en la industria: Dion Warwick, Melba Moore y otras. Ellas clamaban en busca de ayuda porque no les gustaba el que nuestros hijos estuvieran recibiendo mensajes que les decían que consumieran drogas, no fueran a la escuela, y que llamasen a las mujeres "p—as". La música les enseñaba a ser matones. Por eso se llama "gangsta rap": vestir como un pandillero, caminar como ellos, ir a la cárcel como ellos, y morir como ellos. Nosotros queríamos detener eso, de modo que nos enfrentamos a la industria.

P: ¿Comenzaron con Time Warner?

Dra. Tucker: Yo he estado en juntas empresariales, así que decidí comprar acciones de Time Warner. Eso me permitió asistir a la reunión de accionistas y leerles las sucias letras. Siempre he creído que si nos enfrentamos al mayor en la industria, pasa a funcionar una teoría dominó y el resto caerá. Ver lo que había en esas canciones me hizo manifestarme e incluso que me arrestaran. Nos manifestamos delante de tiendas en Washington, D.C., que vendían esa música. Dijimos que íbamos a cerrar las puertas. Bueno, ellos nos cerraron las puertas a nosotros; nos metieron en la cárcel. Pero también hemos tenido grandes victorias.

P: A pesar de arrestos, demandas, ataques personales

maliciosos e incluso amenazas de muerte, Dios ha honrado sus esfuerzos.

Dra. Tucker: Una joven que canta mi himno espiritual es Yolanda Adams. Ella canta: "A pesar de lo que estés pasando, Dios te está usando. La batalla no es tuya; es del Señor". Sigo estando muy implicada en asegurarme de que las ondas, los medios, todas las formas de entretenimiento sean adecuados para oídos jóvenes y les ayuden a crecer y convertirse en el tipo de personas que sabemos que necesitan ser para sobrevivir. Y no solo sobrevivir, sino vivir del modo en que Dios los creó para que vivieran.

P: ¿Qué le ha mantenido avanzando, peleando la misma batalla año tras año?

Dra. Tucker: Dios puso esta pasión por Él y por su pueblo en mi interior. Estoy dispuesta a morir por ambos. Él me hace seguir adelante. Me renuevo. Aún no tengo la edad de Moisés. Bob, no puedo darle gracias exageradamente porque cada vez que he necesitado ayuda, y cada vez que he necesitado letras y recursos, usted y su equipo han estado ahí.

P: Bueno, gracias. Ha sido un placer. Me pregunto, Dra. Tucker, si pudiera decir una cosa a la industria del entretenimiento, ¿cuál sería?

Dra. Tucker: Recuerden su propia niñez. Recuerden los mensajes que recibían de niños. Entonces piensen en quienes ahora viven la niñez. Asegúrense de que Dios se agradaría de su trabajo.

La Dra. Tucker concluyó esa conversación insistiendo: "Siempre que vea alguien con quien yo necesite enfrentarme, hágamelo saber". Ella lo decía de veras. Pero el 12 de octubre de 2005, a los 78 años de edad, las batallas finalmente terminaron cuando ella se fue a su hogar para estar con el Señor.

Las notas necrológicas la catalogaron de todo, desde "pionera de los derechos civiles" hasta "antagonista del *hip-hop*". Ellos reconocieron su trabajo al lado del Dr. Martin Luther King Jr., su ejercicio como Secretaria de Estado de Pensilvania, y el hecho de que ella fundó el Congreso Nacional de Mujeres de Color. Pero yo la recordaré como un precioso espíritu afín que miró por encima del género y el color a lo único que importaba: lo bueno y lo malo. Esa fue su lucha. Y ningún sacrificio fue demasiado grande.

Cambio de canales: una charla con Brent Bozell

Cada primavera, muchas familias toman un descanso de siete días de ver televisión durante la "semana de televisión apagada" (ahora llamada "semana de desintoxicación digital"). Con eso en mente, decidí charlar sobre televisión con Brent Bozell, fundador de Parents Television Council (Consejo de Televisión de Padres). Hablamos sobre el efecto que los padres podrían tener en los productores de los medios de comunicación.

P: Todos los medios parecen forzar los límites. ¿Qué le hizo concentrarse en la televisión?

Brent: El entretenimiento televisivo es la fuerza cultural más poderosa en nuestra sociedad actualmente. Si nos preocupamos por las aguas residuales que se vierten en nuestra sociedad, hay que mirar a la televisión y el papel que desempeña. Formamos Parents Television Council en 1995 para construir un muro y simplemente decir: "Ya basta".

Al principio fue muy difícil. Era un concepto totalmente nuevo, y la creencia general era que no se podía hacer nada. Pero entonces conocí al [difunto cómico] Steve Allen. Él era mi adversario político, y sin embargo estábamos de acuerdo en este asunto del entretenimiento. Recuerdo leer un discurso que él dio en el festival Banff Film Festival donde le llamó la atención a la industria, y supuse que él haría lo que todo el mundo hace: disculparse poco después porque aquello podía arruinar su carrera. Él no lo hizo. De hecho, dos semanas después dio otro discurso incluso más duro que el primero. Él se unió a nosotros como nuestro presidente honorario.

Ahora tenemos más de un millón de miembros, y he descubierto que hay personas de todos los ámbitos políticos que están de acuerdo en que hay que hacer algo.

P: ¿Tiene un ejemplo concreto del modo en que el PTC ha marcado una diferencia?

Brent: Cuando se emitió por primera vez *7th Heaven* en la WB, fracasó. Era un programa familiar muy positivo, pero no consiguió mucha audiencia. El presidente de la WB se puso en contacto conmigo y hablamos al respecto. Yo le dije que su problema era el marketing. Él intentaba conseguir que las personas que ya veían la televisión vieran ese programa. Yo sugerí que buscase una audiencia que hubiera dejado de ver la televisión pero pudiera regresar con un buen programa. Nosotros les ayudamos a hacer una campaña de marketing que llegase principalmente a la derecha religiosa utilizando la radio cristiana. En seis meses, *7th Heaven* era el programa número uno de la cadena, donde permaneció durante sus 10 años de emisión.

P: ¿Qué le preocupa sobre el modo en que está evolucionando la televisión?

Brent: Existe la falsa idea de que en el cable se pueden obtener 100-150 canales, de modo que hay mucha diversidad. Realmente, siete empresas controlan aproximadamente el 80 por ciento de todo lo que se emite por cable en la actualidad. Cada una posee múltiples canales, y también son dueños de canales como el HBO, de modo que constantemente mueven programación de un canal a otro. El clásico ejemplo es *Sex in the City*. Lo que han hecho es eliminar cosas como obscenidades y escenas de desnudo, pero los argumentos y los diálogos siguen siendo esencialmente los mismos. Los temas son igual de sucios e inmorales como eran en los canales de primera como HBO. Ese es un desarrollo dramático.

P: Y ahora esos programas son más accesibles para los niños; como si los niños necesitaran que lanzasen a su camino más contenidos provocadores.

Brent: El problema es que en Hollywood se sigue teniendo esta idea idiota de que si se quiere atraer a una audiencia joven, hay que darles algo ofensivo. Eso va en contra de 50 años de historia de la programación. ¿Qué dice eso que ellos piensan del pueblo estadounidense? Piensan que la sociedad es obscena y que ellos deben ser obscenos para atraer a una audiencia obscena. Yo creo que la sociedad es mejor que eso. La experiencia nos dice que cuando se le da a la gente una programación positiva y de calidad, se convierte en una programación exitosa.

P: Los padres nos dicen que ellos preferirían pagar por canales de cable a la carta, lo cual tiene mucho sentido.

Brent: Esa es la solución. Nosotros presentamos esa idea hace dos años, y creo que finalmente prevalecerá. Sencillamente dice que, cuando uno recibe la factura del cable y tiene 80 canales ahí, debiera poder escoger aquellos por los que quiere pagar. Pero la industria del cable ha puesto un obstáculo tras otro. Es interesante que la industria nos diga que crea programación ofensiva porque eso es lo que la gente quiere. Si eso es cierto, no tendrían ningún problema con el cable a la carta; pero eso no es cierto, y ellos lo saben. ¿Cuántos padres, si se les da la oportunidad, pagarían para que sus hijos vieran la MTV? ¿Cuántos pagarían por una red FX que presente el horrible sadomasoquismo de *Nip/Tuck*? No muchos.

P: ¿Cómo cambiará la internet el paisaje televisivo en los próximos cinco años?

Brent: De modo dramático. Tanto, que no reconoceremos la televisión como la conocemos hoy. El cambio será así de revolucionario. Time-Warner ha anunciado una iniciativa de nueva programación masiva en la internet. Y con la llegada de la programación de banda ancha, la industria de la publicidad se está dando cuenta de que no tiene que pagar inmensas cantidades de dinero en los canales o el cable para llegar a una fracción de su potencial audiencia. Ahora pueden llegar a televidentes en línea más eficazmente por mucho menos dinero. Por tanto, predigo que el dinero para publicidad cambiará abrumadoramente a la internet en los próximos cinco años y las redes de emisión se convertirán en dinosaurios. El cable también se verá amenazado a medida que cada vez más programación se vea en línea. La internet es el futuro, y no la televisión.

P: Mientras tanto, ¿qué pasos pueden dar las familias para limpiar la televisión?

Brent: Si solamente quienes respaldan Enfoque a la Familia se levantasen y dijesen a los anunciantes: "No compraré su producto si usted suscribe programas ofensivos", o les dijese a los emisores: "Protestaré ante la FCC como un dueño de las ondas televisivas públicas cada vez que usted viole las normas de mi comunidad", o presionasen al Congreso para que apoye el cable a la carta, seríamos exitosos de la noche a la mañana. No estoy exagerando. Así son de importantes y poderosos quienes respaldan Enfoque a la Familia.

notas

Capítulo 1

1. Mariel Concepción, "T.I. Speaks Out Against Gun Violence", Billboard.com, 12 de mayo de 2009. Visto en http://www.billboard.com/news/t-i-speaks-out-against-gun-violence-1003972311.story#/news/t-i-speaks-out-against-gun-violence-1003972311.story.

2. "The Buzz (Publick Occurences): Need to Know News", revista *World*, 25 de abril de 1998. Visto en http://www.worldmag.com/articles/1959.

3. Dan Rather, *48 Hours*, CBS News, 5 de julio de 2000.

4. Presidente Barack Obama, "We Need Fathers to Step Up", revista *Parade*, 21 de junio de 2009. Visto en http://www.parade.com/export/sites/default/news/2009/06/barack-obama-we-need-fathers-to-step-up.html.

5. David Crowley, "The Original Player", revista *Vibe*, julio de 2001. Visto en http://books.google.com/books?id=1CUEAAAAMBAJ&pg=PA108&dq=hugh+hefner+vibe+magazine+I+knew+my+mother+loved+me,+but+she+never+expressed+it,+so+I+learned+about+love+from+the+movies&ei=3TatTPX8JIbKzASR46n7C A&cd=1#v=onepage &q&f=false.

6. Michael Medved, "Saving Childhood", *Imprimis*, Septiembre de 1998. Visto en http://www.hillsdale.edu/news/imprimis/archive/issue.sp?year=1998&month=09.

7. Devon Thomas, "Britney Spears Would Lock Her Boys Up 'Until They Turned 30' if They Ever Wanted Fame", CBSNews.com, 7 de julio de 2010. Visto en http://www.cbsnews.com/8301-31749_162-200 09872-10391698.html.

8. Stephen King, "Do Movies Matter (Part 2)", *Entertainment Weekly*, 1 de febrero 2007. Visto en http://www.ew.com/ew/article/0,,5468 28,00.html.

9. Parents Television Council, "TV Bloodbath: Violence on Prime Time Broadcast TV: A PTC State of the Television Industry Report", por Parents Television Council. Visto en http://www.parentstv.org/ptc/publications/reports/stateindustryviolence/main.asp.

10. Paul Asay, "I Can Do Interviews All by Myself", *Plugged In Online*, 21 de septiembre de 2009. Visto en http://www.pluggedin.com/upfront/2009/icandointerviewsallbymyself.aspx.

11. Sarah Netter, "Former Justice Pushing for More Civics, Less 'American Idol': Sandra Day O'Connor Says Civics Lessons Have All but Vanished", ABC News, 4 de marzo de 2009. Visto en http://abcnews.go.com/GMA/story?id=7004234&page=1.

12. Meg Shannon, "Popular Children's Web Site Under Attack by Identity Thieves", Fox News, 9 de julio de 2009. Visto en http://www.foxnews.com/story/0,2933,530684,00.html?mep.

13. Douglas Gresham, emisión de radio diaria de *Focus On the Family*, 7 de mayo de 2008.

14. Steve Knopper, "Reviewer critiques pop music in terms of family values", *Chicago Tribune*, 11 de abril de 2003. Visto en http://www.knopps.com/CTPluggedIn.html.

15. E. Stanley Jones, *Victorious Living* (New York: The Abingdon Press, 1938).

Capítulo 2

1. Bill Gorman, "2011 Super Bowl XLV Ad Time 90% Sold At $3 Million / 30 Sec.", 17 de septiembre de 2010. Visto en http://tvbythenumbers.com/2010/09/17/2011-super-bowl-xlv-ad-time-90-sold-at-3-million-30-sec/63921.

2. Jason Kovar, "Hollywood's Mission", *Hollywood Unmasked*, 2009. Visto en http://www.hollywoodunmasked.com/hollywoodsmission.html.

3. The Rand Corporation, "RAND Study Finds Adolescents Who Watch a Lot of TV with Sexual Content Have Sex Sooner", 7 de septiembre de 2004. Visto en http://www.rand.org/news/press/04/09.07.html. También The Associated Press, "Dirty song lyrics can prompt early teen sex", 7 de agosto de 2006. Visto en http://msnbc.com/id/14227775/?GT1=840 4&print=displaymode=1098.

4. The University of North Carolina at Chapel Hill, "Carolina-led Study Examines Sexual Content of Several Media, Affect on Teens' Sexual Behavior", 3 de abril de 2006. Visto en http://www.unc.edu/news/archives/mar06/teenmedia 033006.htm.

5. Sharon Jayson, "Study: Drinking, R-rated films linked in middle-schoolers", *USA Today*, 26 de abril de 2010. Visto en http://www.usa today.com/news/health/2010-04-26-rmovies26_ST_N.htm.

6. Brian Stelter, "Report Ties Children's Use of Media to Their Health", *The New York Times* 1 de diciembre de 2008. Visto en http://www.nytimes. com/2008/12/02/arts/02stud.html?_r=1.

7. Cathy Lynn Grossman, "Churches making mainstream films to attract souls, *USA Today*, 19 de julio de 2010. Visto en http://webcache.googleusercontent .com/search?q=cache:a9recYMwCXoJ:www.usatoday.com/news/religion/2010 -07-19-churchmovies19_CV_N.htm+Movies+are+the+stained-glass+windows+of+ the+21st+century,+the+place+to+tell+the+Gospel+story+to+people+who+may+not +read+a+Bible&cd=1&hl=en&ct=clnk&gl=us.

8. "Help Give 'Jesus' to Everyone, Everywhere...and Change Lives for Eternity", The Jesus Film Project, 2010. Visto en http://www. jesusfilm.org/.

9. Mark Earley, "Bella Babies", *BreakPoint*, 10 de diciembre de 2008. Visto en http://www.breakpoint.org/commentaries/1949-bella-babies.

10. "Child Alerts Family to Fire Because Barney Told Her To", *Orlando Sentinel*, 21 de octubre de 1993. Visto en http://articles.orlandosentinel.com/1993-10-21/news/9310210572_1_barney-purple-dinosaur-danielle.

11. Associated Press, "Nine-year-old Grayson Wynne, lost in Utah Wilderness, credits survival with TV's 'Man vs, Wild'," *NY Daily News*, 23 de junio de 2009. Visto en http://www.nydailynews.com/news/national/2009/06/23/2009-06-23_nineyearold_grayson_wynne_lost_in_utah_wilderness_credits_survival_with_tvs_man_.html.

12. Bob Smithouser, "Mind Over Media", revista *Focus on the Family*, abril de 2001.

13. *Denver Post* Wire Report, "Game inspired teens' spree", *Denver Post*, 27 de junio de 2008. Visto en http://www.denverpost.com/search/ci_9712609.

14. AFP, "Thailand bans Grand Theft Auto after taxi driver killing", 5 de agosto de 2008. Visto en http://afp.google.com/article/ALeqM5i_GdR3NRdfBh -ZIwSv_1vKBE3EUg.

15. Robert F. Howe, "Deadly Games", *Reader's Digest*, agosto de 2005. Visto en http://www.rd.com/your-america-inspiring-people-and-stories/video-game-violence/article27207-1.html.

16. Susan Arendt, "The Dangers of Driving After GTA", Wired.com, 12 de mayo de 2008. Visto en http://www.wired.com/gamelife/2008/05/the-dangers-of/ #more-7874.

17. CBS News, "2 Guilty of *Scream* Murder", CBSNews.com, 1 de julio de 1999. Visto en http://www.cbsnews.com/stories/1999/07/01/national/main52735.shtml.

18. Alex Mar, "Far from Devil Worship and 'Harry Potter,' Young Witches Explain What They're Really About", MTV News, 25 de marzo de 2008. Visto en http://www.mtv.com/news/articles/1584096/20080325/story.jhtml.

19. Daniel P. Finney, "Teen allegedly bites 11 students; father blames 'Twilight' movie", *DesMoines Register*, 27 de marzo de 2009. Visto en http://pqasb .pqarchiver.com/desmoinesregister/access/1703665601.html?FMT=ABS&date =Mar+27%2C+2009.

20. Xan Brooks, "Natural born copycats", Guardian News and Media Limited, 20 de diciembre de 2002. Visto en http://www.guardian.co.uk/culture/2002/ dec/20/artsfeatures1.

21. Henry Adaso, "Man Kills Wife and Kids, Blames Eminem's Lyrics", About.com, 23 de junio de 2009. Visto en http://rap.about.com/b/2009/ 06/23/man-who -killed-wife-and-kids-blames-eminems-lyrics.htm. También "Eminem's Lyrics Inspired a Fan to Kill", Softpedia.com, 3 de diciembre de 2005. Visto en http://news .softpedia.com/news/Eminem-s-Lyrics-Inspired-A-Fan-To-Kill-13980.shtml. También "Articles on Eminem-inspired violence", Thefreeradical.com. Visto en http:// www.thefreeradical.ca/copycatCrimes/eminemInspiredViolence.html.

22. "Avatar-Induced Depression: Coping with the Intangibility of Pandora (Video)", The Huffington Post, 12 de enero de 2010. Visto en http://www.huffingtonpost .com/2010/01/12/avatar-induced-depression_n_420605.html. Original site Avatar -Forums.com.

23. The Associated Press, "Teen arrested in former mayor's stabbing death", State and Local Wire, 2 de marzo de 2003. Visto en https://www.nexis.com/research/search.

24. Insane Clown Posse, "Mad Professor", ST Lyrics. Visto en http://www.stlyrics .com/songs/i/icp4323/madprofessor202519.html. Advertencia: contiene obscenidad.

25. Heidi Dawley,"Media as kids' loomings *x superpeer", by Heidi Dawley. *Media Life Magazine*, 22 de marzo de 2006. Visto en http://www.medialifemagazine .com/cgibin/artman/exec/view.cgi?archive=170&num=3604].

26. Plugged In Online, "Culture Clips", 15 de febrero de 2010. Visto en http:// www.pluggedin.com/cultureclips/2010/2010-02-15.aspx. Originalmente citado en thechurchreport.com, 8 de febrero de 2010.

27. Julie Steenhuysen, "Cigarettes in movies seen to cause teen smoking", Reuters, 21 de agosto de 2008. Visto en http://www.reuters.com/article/idUSN 2144036520080821.

28. James D. Sargent, M.D., et al, "Exposure to Movie Smoking: Its Relation to Smoking Initiation Among U.S. Adolescents", *Pediatrics*, 1 de noviembre de 2005. Visto en http://pediatrics.aappublications.org/cgi/content/full/116/5/1183? maxtoshow=&hits=10&RESULTFORMAT=&fulltext=smoking+in+movies&se archid=1&FIRSTINDEX=0 &sortspec=relevance&resourcetype=HWCIT.

29. "Smoking: Join Joe to Quit Now", WebMD, 20 de noviembre de 2003. Visto en http://www.webmd.com/content/article/77/95433.htm?printing=true.

30. Mike White, "Making a Killing", *New York Times,* 2 de mayo de 2007. Visto en http://www.nytimes.com/2007/05/02/opinion/02white.html.

31. Joe Eszterhas, "Hollywood's Responsibility for Smoking Deaths", *New York Times*, 9 de agosto de 2002. Visto en http://www.nytimes.com/2002/08/09/opinion/09ESZT.html?scp=1&sq=hollywood's%20responsibility%20for%20smoking%20deaths&st=cse.

Capítulo 3

1. The Nielsen Company, "Nielsen Study: How Teens Use Media", junio de 2009. Republicado por Scribd.com. Visto en http://www.scribd.com/doc/16753035/Nielsen-Study-How-Teens-Use-Media-June-2009-Read-in-Full-Screen-Mode.

2. Ibíd.

3. The Kaiser Family Foundation, "Daily Media Use Among Children and Teens up Dramatically from Five Years Ago", 20 de enero de 2010. Visto en http://www.kff.org/entmedia/entmedia012010nr.cfm.

4. Ibíd.

5. Patricia McDonough, "TV Viewing Among Kids at an Eight-Year High", Nielsen Wire of The Nielsen Company, 26 de octubre de 2009. Visto en http://blog.nielsen.com/nielsenwire/media_entertainment/tv-viewing-among-kids-at-an-eight-year-high/.

6. The Kaiser Family Foundation, "Generation M2: media in the lives of 8-18 year-olds", Enero de 2010. Visto en http://www.kff.org/entmedia/upload/8010.pdf.

7. "Kids watching hours of TV at home daycare", The Associated Press, 23 de noviembre de 2009. Visto en http://www.msnbc.msn.com/id/34096613.

8. Richard Louv, *Last Child in the Woods: Saving Our Children from Nature-Deficit Disorder* (Chapel Hill, North Carolina: Algonquin Books, 2008), pp. 1-2.

9. Stan Campbell y Randy Southern, *Mind over Media* (Wheaton, Illinois: Tyndale House Publishers/Focus on the Family, 2001), pp. 153-155.

10. Ibíd., pp. 144-145.

11. Sheila Marikar, "'Sex and the City' Fiend: Show Turned Me into Samantha", ABC News Entertainment, 21 de mayo de 2008. Visto en http://abcnews.go.com/Entertainment/story?id=4895398&page=1.

12. "Lindsay Lohan: 'I Was Irresponsible'", usmagazine.com, 31 de agosto de 2010. Visto en http://www.usmagazine.com/moviestvmusic/news/lindsay-lohan-i-was-irresponsible-2010318.

13. Douglas Wilson, "Live or Onscreen, It's Still Voyeurism", Plugged In Online, 5 de marzo de 2007. Visto en http://www.pluggedin.com/upfront/2007/LiveorOnscreenItsStillVoyeurism.aspx

14. Maurice Chittenden y Matthew Holehouse, "Boys who see porn more likely to harass girls", *The Times*, 24 de enero de 2010. Visto en http://www.timesonline.co.uk/tol/news/uk/crime/article6999874.ece.

15. Janis Wolak, J.D., Kimberly Mitchell, Ph.D., y David Finkelhor, Ph.D., "Unwanted and Wanted Exposure to Online Pornography in a National Sample of Youth. 5 de febrero de 2007. Visto en http://pediatrics. aappublications.org/cgi/content/full/119/2/247?maxtoshow=&hits=10&RESULTFORMAT=&fulltext=

Unwanted+and+Wanted+Exposure+to+Online+Pornography+in+a+National +Sample+of+Youth+Inte rnet+Users&searchid=1&FIRSTINDEX=0&sortspec =relevance&reso urcetype=HWCIT.

16. "'Cool Dad' Hires Stripper for Boy, 12", *Chicago Tribune*, 20 de diciembre de 1994.

17. Al Menconi, *But It Doesn't Affect Me!* (Carlsbad, California: New Song Publishing, 2004), pp. 123-127.

Capítulo 4

1. Jocelyn Vena, "Heidi Montag Says Posing for *Playboy* 'a Huge Honor'", MTV .com, 15 de junio de 2009. Visto en http://www.mtv.com/news/articles/1613996/ 20090615/story.jhtml.

2. Rob Brendle, *In the Meantime* (Colorado Springs, Colorado: Water-brook Press, 2005), p. 159.

3. Ibíd., p. 164.

4. Tanner Stransky, "A 'Roseanne' Family Reunion", *Entertainment Weekly*, 24 de octubre de 2008. Visto en http://www.ew.com/ew/article/0,,20235368,00.html.

5. Maria Elena Fernandez, "Just the way you are: 'Ugly Betty's' Young nephew has been embraced by those who don't 'fit in'", *Los Angeles Times*, 1 de enero de 2007.

6. Ramin Setoodeh, "Kings of Queens", *Newsweek*, 12 de noviembre de 2009. Visto en http://www.newsweek.com/2009/11/11/kings-of-queens.html.

7. Cole NeSmith, "The Dangers of Emotional Pornography", revista *Relevant*, 10 de mayo de 2010. Visto en http://www.relevantmagazine.com/life/relationship/ features/21488-emotional-pornography.

Capítulo 5

1. Donald C. Stamps, Ed., *The Full Life Study Bible* (Grand Rapids, Michigan: Zondervan Publishing Company, 1992), p. 1944.

Capítulo 6

1. "Americans Are Most Likely to Base Truth on Feelings", Barna Group, 12 de febrero de 2002. Visto en http://www.barna.org/barna-update/article/5-barna -update/67-americans-are-most-likely-to-base-truth-on-feelings.

2. Craig y Janet Parshall, *Traveling a Pilgrim's Path* (Wheaton, Illinois: Tyndale House Publishers/Focus on the Family, 2003), p. 184.

3. Chip Ingram, *Effective Parenting in a Defective World* (Carol Stream, Illinois: Tyndale House Publishers/Focus on the Family, 2006), p. 14.

4. Bob Smithouser, et al, *Movie Nights for Kids* (Wheaton, Illinois: Tyndale House Publishers/Focus on the Family, 2004), p. 144.

5. Joe White y Lissa Halls Johnson, *Sticking With Your Teen* (Carol Stream, Illinois: Tyndale House Publishers/Focus on the Family, 2006), pp. 73-76.

Capítulo 7

1. "The Motion Picture Production Code of 1930 (Hays Code)", última actualización por Matt Bynum, 12 de abril de 2006. Visto en http://www.artsreformation.com/ a001/hays-code.html.

Capítulo 8

1. Earl Simmons y Anthony Fields, "X Is Coming". Visto en http://www.metrolyrics .com/xis-coming-lyrics-dmx.html. Warning: profanity.

2. Eminem, "Role Model". Visto en http://www.sing365.com/music/lyric.nsf/Role -Model-lyrics-Eminem/B5A3211B41B0FAF64825688 800111244. Advertencia: obscenidad.

3. Alan Light, "Eminem: Behind Blue Eyes", *Spin Magazine,* 22 de julio de 2003. Visto en http://www.spin.com/articles/eminem-behind-blue-eyes. Advertencia: obscenidad.

4. Liz Perle, "Sneaking into R-Rated Movies (Without Leaving Home)", Common Sense Media, 14 de abril de 2010. Visto en http://www.common-sensemedia .org/sneaking-r-rated-movies-without-leaving-home.

5. Dr. Bill Maier, emisión de radio de *Focus on the Family Weekend,* 25 de agosto de 2007.

6. Liz Szabo, "Report: TV, Internet harm kids", *USA Today,* 2 de diciembre de 2008. Visto en http://www.usatoday.com/news/health/2008-12-01-media_N.htm.

7. Andre Yoskowitz, "Extended TV watching linked to higher risk of death", After Dawn News, 13 de enero de 2010. Visto en http://www.afterdawn.com/news/ article.cfm/2010/01/14/extended_tv_watching_linked_to_higher_risk_of_death.

8. Liz Szabo, "Study is loud and clear: Teen hearing loss rising", *USA Today,* 18 de agosto de 2010. Visto en http://www.usatoday.com/printedition/life/20100818/ hearing18_st.art.htm.

9. Joe White y Lissa Halls Johnson, *Sticking With Your Teen* (Carol Stream, Illinois: Tyndale House Publishers/Focus on the Family, 2006), p. 76.

Capítulo 9

1. Kevin Kelly, "Everything that Doesn't Work Yet", The Technium, 22 de febrero de 2007. Visto en http://www.kk.org/thetechnium/archives/2007/02/ everything_that.php]

2. Dr. Archibald D. Hart, *Sleep, It Does a Family Good* (Carol Stream, Illinois: Tyndale House Publishers/Focus On the Family, 2010), pp. 7-8.

3. Marissa Lang, "Turn off, tune out, turn in: Teens who stay up late, texting and talking, risk daytime health problems", *Sacramento Bee,* 12 de julio de 2009. Visto en "Too much texting can deprive teens of zzzs" en http://www.startribune .com/lifestyle/health/53252917.html.

4. "Culture Clips", 9 de noviembre de 2009. Citado por Plugged in Online de ContraCostaTimes.com. Visto en http://www.pluggedin.com/cultureclips/2009/ november92009.aspx.

5. Ben O'Brien, "Txting away ur education", *USA Today,* 23 de junio de 2009. Visto en http://content.usatoday.com/topics/post/Forum+commentary/68380777 .blog/1.

6. "Tech addiction 'harms learning'", BBC News, 15 de septiembre de 2009. Visto en http://news.bbc.co.uk/2/hi/uk_news/education/8256490.stm.

7. "Teen Tech Use: Too Much, Too Soon?", CBSNews.com, 25 de mayo de 2010. Visto en http://www.cbsnews.com/stories/2010/05/25/earlyshow/leisure/ gamesgadgetsgizmos/main6517203.shtml.

8. Mike Snider, "Nielsen: time spent playing games up", *USA Today*, 11 de agosto de 2009. Visto en http://content.usatoday.com/communities/gamehunters/post/2009/08/nielsen-time-spent-playing-games-up/1.

9. "The First Thing Young Women Do in the Morning: Check Facebook (Study)", Mashable.com, 7 de julio de 2010. Visto en http://mashable.com/2010/07/07/oxygen-facebook-study/.

10. "Hottest June on Record for Video Gaming", Nielsen Wire, 10 de agosto de 2009. Visto en http://blog.nielsen.com/nielsenwire/media_entertainment/hottest-june-on-record-for-video-gaming/.

11. Bob Hoose with Kevin Simpson, "Halo 3", Plugged In Online, 2007. Visto en http://www.pluggedin.com/games/2007/Q4/Halo3.aspx.

12. Christine Roberts, "Hey kids, Facebook is forever", NY Daily News, 14 de julio de 2009/ Visto en http://www.nydailynews.com/money/2009/07/14/2009-07-14_hey_kids_facebook_is_forever.html.

13. "School's Out and Your Kids Are Online: Do You Know What They've Been Searching for This Summer?", Norton Online Family, 2009. Visto en http://onlinefamilyinfo.norton.com/articles/schools_out.php.

14. Daniel Weiss, "Children and Pornography Online", *Citizen Link*, 14 de junio de 2010. Visto en http://www.citizenlink.com/2010/06/children-and-pornography-online/.

15. Andrew Alexander, "A KidsPost Opening for Predators?", *The Washington Post*, 11 de octubre de 2009.

16. Michael Arrington, "YouTube Video Streams Top 1.2 Billion/Day", Tech Crunch, 9 de junio de 2009. Visto en http://techcrunch.com/2009/06/09/youtube-video-streams-top-1-billionday/.

17. Donna Leinwand, "Survey: 1 in 5 teens 'sext' despite risks", *USA Today*, 25 de junio de 2009. Visto en http://www.usatoday.com/tech/news/2009-06-23-onlinekids_N.htm.

18. "Generation M2: Media in the Lives of 8-18 year-olds", Kaiser Family Foundation, enero de 2010. Visto en www.kff.org/entmedia/upload/8010.pdf.

19. "Sex and Tech: Results from a Nationally Representative Survey of Teens and Young Adults", by The National Campaign to Prevent Teen and Unplanned Pregnancy, realizado del 25 de septiembre al 3 de octubre de 2008. Visto en http://www.thenationalcampaign.org/sextech/. También usatoday.com, 24 de junio de 2009, como se cita en "Culture Clips", Plugged In Online, 29 de junio de 2009. Visto en http://www.pluggedinonline.com/cultureclips2/a0004667.cfm.

20. Ibíd.

21. Mike Celizic, "Her teen committed suicide over 'sexting'", *The Today Show*, 6 de marzo de 2009. Visto en http://today.msnbc.msn.com/id/29546030.

22. Libby Quaid, "Think your kid isn't 'sexting'? Think again", Associated Press, 3 de diciembre de 2009. Visto en http://www.msnbc.msn.com/id/34257556/ns/technology_and_science-tech_and_gadgets/.

23. Gil Kaufmann, "How Can You Avoid Sexting Dangers?", MTV News, 12 de febrero de 2010. Visto en http://www.mtv.com/news/articles/1631759/20100211/story.jhtml.

24. Pete Kotz, "Phoebe Prince, 15, Commits Suicide After Onslaught of Cyber-Bullying from Fellow Students", True Crime Report, 28 de enero de 2010.

Visto en http://www.truecrimereport.com/2010/01/phoebe_prince_15_commits_suici.php.

25. Amanda Lenhart, "Cyberbullying", Pew Internet & American Life Project, a Project of the Pew Research Center, 27 de junio de 2007. Visto en http://www.pewinternet.org/Reports/2007/Cyberbullying.aspx.

26. Emily Bazelon, "Have You Been Cyberbullied?", Slate.com, 26 de enero de 2010. Visto en http://www.slate.com/id/2242666/.

27. ABC News, 3 de octubre de 2008, como se cita en "Culture Clips", Plugged In Online.

28. Mary Kozakiewicz, "Mary, a Mother's Story", The Alicia Project, 30 de noviembre de 2009. Visto en http://www.aliciaproject.com/category/aliciaproject/.

29. "Report: Bigger TVs, DVR and Wi-Fi Among Hot U.S. Home Technology Trends", Nielsen Wire, 30 de septiembre de 2010. Visto en http:// blog.nielsen.com/nielsenwire/consumer/report-bigger-tvs-dvr-and-wi-fi-among-hot-u-s-home-technology-trends/.

30. "How Teens Use Media: A Nielsen Report on the Myths and Realities of Teen Media Trends", The Nielsen Company, junio de 2009.

31. Mike Celizic, "Buried in Haiti rubble, U.S. dad wrote goodbyes", The Today Show, 19 de enero de 2010. Visto en http://today.msnbc.msn.com/id/34933053/ns/today-today_people/.

32. Bob Hoose, "A Sweet, Salty Facebook Tale", Plugged In Online, 28 de enero de 2010. Visto en http://www.focusonlinecommunities.com/blogs/pluggedin/2010/01/28/a-sweet-salty-facebook-tale.

33. Lianne Gross, Jeffrey Heller, y Janet Lawrence, "Twitter site offers followers line to God", Reuters, 18 de agosto de 2009. Visto en http://www.reuters.com/article/idUSTRE57H1OU20090818.

34. Jim Burns, presentador de radio y fundador y presidente de HomeWord, entrevista 1 de octubre de 2010.

Capítulo 10

1. Sheila Marikar, "Lady Gaga Health Issues: Rumor or Reality?", ABC News, 26 de mayo de 2010. Visto en http://abcnews.go.com/Entertainment/Summer Concert/lady-gaga-rumor-reality/story?id=10738191.